乡土文化
润泽教育芬芳

——中山市"香山文化"
幼儿教育活动案例集

金仁萍 / 主编

民主与建设出版社
·北京·

图书在版编目（CIP）数据

乡土文化润泽教育芬芳：中山市"香山文化"幼儿
教育活动案例集 / 金仁萍主编. — 北京：民主与建设
出版社，2020.9

ISBN 978-7-5139-3232-5

Ⅰ.①乡… Ⅱ.①金… Ⅲ.①地方文化—中山—学前
教育—教学参考资料 Ⅳ.①G613

中国版本图书馆 CIP 数据核字（2020）第187810号

乡土文化润泽教育芬芳：中山市"香山文化"幼儿教育活动案例集
XIANGTU WENHUA RUNZE JIAOYU FENFANG: ZHONGSHANSHI XIANGSHAN WENHUA YOUER JIAOYU HUODONG ANLIJI

主　　编	金仁萍	
责任编辑	刘　芳	
封面设计	言之凿	
出版发行	民主与建设出版社有限责任公司	
电　　话	（010）59417747　59419778	
社　　址	北京市海淀区西三环中路 10 号望海楼 E 座 7 层	
邮　　编	100142	
印　　刷	北京政采印刷服务有限公司	
版　　次	2022年 6 月第 1 版	
印　　次	2022年 6 月第 1 次印刷	
开　　本	710 毫米 × 1000 毫米　1/16	
印　　张	13.75	
字　　数	248千字	
书　　号	ISBN 978-7-5139-3232-5	
定　　价	45.00 元	

注：如有印、装质量问题，请与出版社联系。

图书在版编目（CIP）数据

小学数学智慧教学 / 胡秀云，陈丽英，丘珊莲主编
. — 长春：吉林人民出版社，2019.12
ISBN 978-7-206-16667-9

Ⅰ.①小… Ⅱ.①胡… ②陈… ③丘… Ⅲ.①小学数
学课—教学研究 Ⅳ.①G623.502

中国版本图书馆CIP数据核字（2019）第289272号

小学数学智慧教学

主　　编：胡秀云　陈丽英　丘珊莲　　　　封面设计：姜　龙
责任编辑：江　雪
吉林人民出版社出版发行（长春市人民大街7548号　　邮政编码：130022）
印　　刷：北京虎彩文化传播有限公司
开　　本：787mm×1092mm　　　　　　　1/16
印　　张：16.25　　　　　　　　　　字　　数：283千字
标准书号：ISBN 978-7-206-16667-9
版　　次：2022年6月第1版　　　　　　印　　次：2022年6月第1次印刷
定　　价：45.00元

如发现印装质量问题，影响阅读，请与出版社联系调换。

上 篇

教学研究

中 篇
教学设计

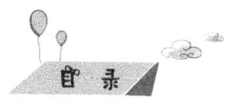
下 篇

教 学 成 果

上 篇

教学研究

让数学课堂成为学生自主探究的乐园

韶关市翁源县龙仙第二小学　胡秀云

《义务教育小学数学新课程标准》明确指出："学生的数学学习活动应当是一个生动活泼的、主动的和富有个性的过程。"这就需要一种以学生为主体的、和谐的课堂氛围，在设计、安排和组织教学过程的每一个环节时，都应有意地让学生与数学进行"零距离"的对话，让学生主动而富有个性地学习数学，真正成为学习的主人，培养学生自主探究，勇于创新的意识，使学生品尝到成功的喜悦，并从中体会到学习数学的无穷乐趣。

《义务教育小学数学新课程标准》指出："有效的数学学习活动不能单纯地依赖模仿与记忆，自主探究是学生学习数学的重要方式。"这就需要我们在教学中解放思想，为学生创设主动参与的条件，给学生留足探究的时空，让学生高高兴兴地在教师创设的情境之下独立思考，在自主探究的过程中学习，在学习中发现问题、提出问题，从中体验自主探究的乐趣；充分发挥学生的主体作用，使学生真正成为数学学习活动的"发现者、研究者、探索者"，品尝成功的喜悦，体会学习数学的无穷乐趣。那么，如何在课堂中让学生自主获取知识呢？下面我谈谈自己的几点做法。

一、创设富有趣味性、探索性的情境

根据小学生好奇、好新、好动的特点，创设富有趣味性、探索性和故事性的情境，让学生的注意力处于高度集中状态，使学生产生对新知识的求知欲望。

例如，在教学第一册《认识图形》时，借助小熊猫创设情境：

我出示套在手上可以表演的玩具小熊猫，问："小朋友们，我是谁呀？今天我想和大家一起来玩玩，好吗？我还给大家带来了许多礼物，请你们从中挑选出自己最喜欢的拿在手里。谁来告诉大家，你手里的物体是什么形状的？"然后让学生自由回答，再让学生触摸物体表面，初步感知"体、面"的不同，同桌互相交流自己的感觉，在此基础上全班交流。

这里，我将学生喜欢的玩具小熊猫带进了课堂，将教师的语言转化成小熊猫的语言，让学生感到十分亲切有趣。再让学生触摸物体的表面，感知其不同，从而激发学生的求知欲。在教师的引导下，学生积极地参与表达、思考等数学活动，产生对新知识的求知欲望，让生动的情境去吸引学生，激发学生自主探究学习的兴趣。

二、数学来源于生活，生活中处处有数学

生活即数学，生活离不开数学，数学源于生活。通过引入学生身边的数学例子，让学生从中学习数学，避免数学学习的枯燥、抽象，同时让学生感觉到学习数学的亲切和实用。

例如，在教学第二册《认识人民币》时，我创设了一个购物活动：

活动时我要求每组推选一名商店经理，问学生："哪位经理来介绍一下你的商店？"这时，有的说："我这里是'阿凡提商店'，我的货物可多啦！一支铅笔4角，大家快来买吧！"有的说："我这里是'机器猫商店'，一把工具刀的价钱是9角5分。假如你们光顾我的商店，我还可以优惠一点！"还有的说："我的货物才又好又便宜呢，你们看！"学生争着介绍。我便说："那好吧，就让我们拿出1元钱去购买自己喜欢的物品吧！"

商店购物活动体现了"小课堂、大社会"的课堂特点，通过创设购物环境，引导学生把在课堂中学到的知识和方法应用于实践，让学生切切实实产生"生活中处处有数学"的感受，既培养了学生的数学应用意识，又提高了学生解决实际问题的能力。这样的处理使得课堂洋溢着浓浓的生活气息，给学生提供了展示自我的空间，进一步激起了学生参与活动的热情，从而达到了使学生真正地参与到学习中的目的。

三、游戏进入课堂，激起学生自主学习的积极性

数学知识是抽象的，学生理解它们会有一定的困难，游戏可改变知识的呈现方式。爱玩游戏又是学生的天性，让游戏进入课堂，可以激发学生自主学习的积极性。在课堂教学的后半段，适当运用游戏和活动，有利于培养学生的学习兴趣和热情，符合小学生好奇、好动、注意力集中时间短的心理特点，能有效地防止课堂教学后期学生精神分散，有效调动学生学习的积极性。游戏教学能够为学生动手、动口、动脑——让多种感官参与学习活动——创设最佳环境，最大限度地发挥学生的身心潜能，省时高效地完成学习任务，锻炼他们的动手、动口、动脑的能力。

例如，在《分糖果》的教学中，我设计了智慧爷爷在自己的生日里准备了有奖游戏让学生玩，规则如下：这个游戏要2个同学为一组，将2个同学的花生合在一起，每个同学抓一把花生，能平均分成2份得2分，如还能平均分成3份得3分。谁得分高，就可领一份"奖品"。

将平均分这一枯燥的内容以游戏和比赛的形式呈现给学生，让学生在课堂的最后部分也能以饱满的情绪自主地投入到课堂学习当中。

四、对学生进行激励性评价，为自主学习提供动力

评价方式的多样化和鼓励性能让学生更大胆、更自主地参与到学习中来，为他们自主学习提供原动力。

例如，教学第三册第35页第4题：看一看每排几个？有几排，一共有多少个小朋友在做操？（24人）问学生："你还可以怎样排？"有的说"每排2人，可排12排"；有的说"每排3人，可排8排"；有的说"每排6人，可排4排"；甚至有的学生说"每排24人，可排一排"……

对于学生不同的说法，我都加以鼓励，并为学生提供交流的机会，使学生之间能互相启发，互相借鉴，取长补短，从而不断完善自己的方法。在评价中，突出了"不同的人在数学学习中得到不同的发展"这一基本理念，只要学生有点滴进步，我都会予以表扬，这样学生的积极性提高了，特别是那些学习有困难的学生得到表扬后进步就更大了。

能否改变小学数学课堂教学抽象而枯燥的局面，主要取决于教师所创设

的教学情境。教师只有依据学生的认知规律及小学生的年龄特征，精心设计组织教学，尽量使学生主动参与教学实践活动，做到玩中学、学中玩，以激发学生学习数学的兴趣，充分调动学生自主探究、学习数学的积极性，从而达到好学、乐学的境界，才能让数学课堂成为学生自主探究的乐园。

浅谈小学数学高效课堂的构建

韶关市翁源县龙仙第二小学　胡秀云

近几年来，尽管许多小学数学课堂教研活动都提倡"高效课堂"的落实，但大多数一线教师仍未真正领悟"高效"，认为给学生灌得越多越有效，不惜时间准备，把课堂搞得越花哨越"成功"！高效与否，只有在教师教学一段时间后，通过学生的探索能力及对所学知识的应用能力是否有较大提高才能得到验证。教育部副部长陈小娅说过，"课程改革是实施素质教育的核心问题和关键环节，抓课程改革，就是抓素质教育，抓素质教育必须抓课程改革"。也就是说，学生素质大幅度的提高是评判高效课堂的标准。我根据当前教育教学的方向，就自己近年来高效课堂教学的实践与探索情况，谈谈个人的看法和体会。

一、教师要做好角色、观念的转变

教师角色、观念的转变是实现高效课堂的关键。教师的角色应由知识的灌输者、守护者转变为学生学习活动的组织者、引导者与合作者。在这个学习过程中，教师要以学生为本，因材施教，要求学生用心去领会、用双手去操作、用语言去表达、用自己的方法去探索，给学生自由发展的空间。要做到这一点，教师首先要及时转变观念，真正实现从传统课堂到高效课堂的意识转变。另外，师生关系的转变也是很重要的一方面，良好的师生关系是高效课堂取得成功的关键所在。只有让学生感到你爱他、关心他，学生才能信任你，你讲的话才有感召力，你的愿望才能得以实现。尽量利用课余时间去了解学生，充分地接触学生，与学生建立朋友式的师生关系，这样可以向学生指出他的缺点或

提出自己的建议。学生的自尊心都很强，所以针对不同的学生，应该用不同的方式向他指出缺点或提出好的建议，好让学生顺心接受。

二、教师要提高自身能力

1. 教师要提高语言表达能力

教师要有准确的语言表达能力，才能有效地帮助学生理解问题。其实高效课堂上教师不必有过多的语言，只要能准确、简单表达出来就好。教师的语言过多会影响学生的思维，分散学生的注意力，会使学生对知识的理解不够深刻和彻底，结果事倍功半。教师幽默的语言能调动学生的积极性，就像一个水平高的节目主持人，利用幽默风趣的语言始终吸引住观众，让整个节目中不会有冷场的现象。要想让小学生在40分钟内保持较高的学习积极性，教师需要用幽默的语言去调节。

2. 教师要提升创造性地使用教材的能力

《义务教育小学数学新课程标准》孕育了新的教材，新教材的"新"不仅体现在它的内容上，更体现在它的功能上。新教材不是让学生在头脑中装入教材所呈现的一切，而是凭借它孕育数学的"种子"，激发学生的思维。新的课程要求教师树立一种新的教材观，摒弃那种"教教科书"的课程，学会"用教科书教"。这给教师如何处理教材提出了新的要求：一方面教师要充分理解教材所阐述的道理和讲述的知识点，将教材同化为自己的智能；另一方面在实际驾驭课程和教学的过程中，在具体的教学情境中要不断开发与教材不同的教学目标、教学内容与资源，获得教材规定以外的教学效果。例如，教学五年级上册《梯形的面积》时这样进行：先复习三角形面积的推导过程和公式，然后让学生拿出准备好的两个完全一样的梯形，模仿三角形面积的推导过程，把两个完全一样的梯形拼成平行四边形。教师也出示两个完全一样的梯形，两个梯形都标出了上底、下底和高分别是3厘米、6厘米和4厘米，并拼成平行四边形贴在黑板上，让学生根据图中的数据算出平行四边形的面积，学生很快列出（3+6）×4，接着又让学生算出其中一个梯形的面积，学生也很快列出（3+6）×4÷2，最后让学生根据列出的算式写出梯形的面积公式，学生很快地写出：梯形的面积＝（上底+下底）×高÷2，13分钟左右，就有90%的学生顺利地推导出了梯形的面积公式。这是一个典型的、创造性地使用教材的案例。

3. 教师要提高课堂掌控能力

课堂掌控能力是指教师为了保证课堂教学的成功，达到预设的教学目标，在教学的全过程中，将教学活动本身作为意识的对象，不断对其进行积极主动的评价、反馈、调节和控制的能力，具体化为教师根据课堂上的各种信息灵活地调节课堂教学的内容、教学目标、环节、节奏、氛围、时间等一切因素，使课堂教学顺利开展的行为。

苏霍姆林斯基曾说："教育的技巧并不在于能预见到课的所有细节，而在于根据当时的具体情况，巧妙地在学生不知不觉中做出相应的变动。"课堂非预设性生成问题的出现时机和具体内容是无法预知的。如果当课堂非预设性生成问题的时机出现时，教师不能根据自己预设的教学基本目标，迅速判断瞬间生成问题的教学价值，采用恰当的教学方法，进行有效的利用、引导和矫正，使教学活动朝着教学目标进行，那么何以谈高效课堂？

三、把课堂还给学生

新课改理念指明"学生是主体、教师是主导"。要落实学生的主体地位，就应把课堂交还给它真正的主人——学生。教师要先从改变学习状态入手，让学生动起来、让课堂活起来；从提高学习效益开始，让效果好起来。想尽一切办法让学生动起来，既要求身动，更要求心动和神动。课堂上让学生把自己的想法大胆地说出来、写出来，并形成预习—交流—展示—总结的学习模式，如教学六年级《常见的量》这一节内容时，教师提出了"你课前整理了哪些单位？""常见的单位有哪些？""进率各是多少？""你想提醒同学们注意什么问题？"共四个问题。首先，要求学生把课前预习资料整理好；接着，分组交流，并做好记录；然后指明几名学生上台展示他们收集到的资料；最后，教师对这节课的知识点进行总结。这样一节课下来，教学效果非常明显。

四、高效课堂要注重知识的形成过程，避免机械练习

新的课程改革对我们教师的教育理念有了新的要求，对教师课堂教学多样化有了规范。新课程理念要求："数学课堂教学中，教师不仅要关注学生学习的整个过程，更要关注学生在学习过程中所反映的认知规律及心理发展方向的特点。"重视数学知识的形成过程是当前数学教学改革的一个重要理念。

多年的教学使我真正体会到互动的课堂教学能让学生无拘无束地发表自己的想法和观点。为了让学生带着自己原有的知识、经验走进学习活动，主动建构、理解数学概念，获取数学方法，获得探究数学的体验，增强学好数学的信心，教师在教学中需要以教材提供的基本素材和学习活动为线索，为学生设计观察、操作、思考、交流等数学活动，让学生经历知识形成的过程。

只有让学生经历知识形成的过程，才能让数学的"种子"在学生心中生根、发芽。不讲知识形成过程的课堂应该在我们的视野中消失。

五、教师要对课堂结构进行重新构建

高效课堂需要科学的学法指导。著名教育家陶行知先生指出："我认为好的先生不是教书，不是教学生，乃是教学生学。"在打造高效课堂的今天，教师应该改变自己的教学方法，更应该指导学生拥有科学的学习方法。传统的教学重在讲授，教师不易打动学生，导致教学的实效性差。高效课堂注重学生之间、师生之间的互动学习。高效课堂以学生的自主学习为主，强调学生自主学习的过程，培养学生独立完成学习任务的能力，提高学生学习的整体效果。这个过程中，教师始终只是教学的主导，负责点拨启发，并通过合适的形式使学生完全动起来，积极参与到学习中来，形成主动学习的习惯。

总之，高效课堂无论是学习还是借鉴，都在于领会教育教学的内涵，而不在于形式。高效课堂虽然不是一种具体的模式，但它的目标是明确的，是对传统教学的一种挑战。虽然它与传统教学的目的有一致的地方，但它的具体要求已经超越传统。作为一线的数学教师首先要更新自己的教学理念，找到适合自己学生的教学方法，才能真正实现高效课堂。

📖 **参考文献**

[1] 王建波.义务教育数学课程标准（2011年版）[M].北京：北京师范大学出版社，2012.

[2] 刘玉和.浅谈提高小学数学课堂教学有效性的策略[J].小学数学教育，2011（5）：6-7.

[3] 张建林.浅谈小学数学高效课堂的研究与实践[J].教育学文摘，2012.

如何提高小学生的计算能力

韶关市翁源县龙仙第二小学　胡秀云

我在10多年的北师大版小学数学的教学实践中发现，学生在计算中反映出来的情况令人吃惊：学生的计算正确率很低，平时作业和测试中有许多学生在做用数学知识解决生活中的问题的习题时，虽能寻找到正确的解题方法，也能列出正确算式，却计算不出正确答案。同时，由于计算错误而导致数学成绩较差的学生很多，有的甚至因此从低年级就失去了对数学的兴趣，这也成了许多数学教师教学中的最大的困惑。有些教师把这些都归咎于教材的编排和学生的粗心、马虎。其实并非如此，学生在计算上出现差错的原因是多方面的。我们在平时的数学教学中，既要灵活使用教材，更要注意积累学生的计算错误，收集典型错误例题，特别是在学生平时的作业练习中，寻找学生的错误原因，寻找解决的对策，设法提高学生的计算能力。下面我结合多年来的教学实践谈谈如何提高小学生的计算能力。

一、小学生计算出错的成因

结合多年使用小学数学北师大版教学的实践，我发现大部分学生计算出错的主要原因有如下几个方面。

1. 小学生感知事物整体能力较弱

小学生感知事物比较笼统，不够具体，往往只能注意到一些孤立的现象，不能看出事物之间的联系，因而对事物的感知缺乏整体性。他们抄写数字、符号，不看准就下笔，常出现这样的错误："3"写成"8"，"52"写成"25"，"+"写成"×"，以及抄着上一行而串到下一行、抄少或抄多一

个数字等。在计算 $4.235-4.235÷5$ ， $3×\dfrac{1}{4}÷3×\dfrac{1}{4}$ 时，易出现这样的错误：

$4.235-4.235÷5=0÷5=0$ ， $3×\dfrac{1}{4}÷3×\dfrac{1}{4}=1$ 。

2. 小学生注意力较差易出现粗心出错现象

有些学生在学习新的运算法则时，只顾高度注意新的运算法则的执行，而造成某些口算的错误。比如，初学除法竖式计算时，只注意商而未顾及观察余数是否比除数小，而造成商的位数增多的错误。另外，有些学生在连续做了某些类型的题目后，改动题目，却由于注意点未转移，以致张冠李戴，造成错误。如学生强化练习了 $2.5×4.6+7.5×4.6=（2.5+7.5）×4.6=10×4.6=46$ 后，将题目中的加号改为乘号 $2.5×4.6×7.5×4.6$ ，有些学生仍会做成 $（25+75）×4.6=100×4.6=46$ ，注意不到符号已经变化了。还有些"粗心错误"，如草稿纸上的答案未抄到本子或试卷上、抄错数据、抄错运算符号或三步混合运算只算两步就以为得出了结果。这些都是由于没有发挥注意的监督功能，只注意前一部分，而遗漏了后一部分，显得"虎头蛇尾"，从而粗心出错。

3. 小学生的思维定式的负面影响

思维定式既有积极的作用，又有消极的影响。而小学生特别是低年级学生则主要依赖感性经验的传递，受思维定式影响较大。在计算方面，他们会看不到题目的变化与独立性，仍旧以旧经验去解决问题。例如，学完20以内的进位加法后，遇到减法算式，学生习惯了用"凑十法"进行计算，而看到不同的"9-7"之类的题目，往往会不假思索地得到"16"。如 $25×4=100$ 是一个强信息，很多学生在计算 $24×5$ 时受到干扰而产生结果也是100的错误。

4. 小学生不良的学习习惯

良好的学习习惯是保证计算正确的重要条件。良好的作业习惯包括认真的书写习惯、审题习惯、检查习惯、检验习惯。学生的这些习惯没有完全养成，因此容易造成错误。

二、提高小学生的计算能力的有效做法

综合以上学生计算时出错的主要原因，我在多年的教学实践中主要从以下几个方面着手训练学生，努力提高小学生的计算能力。

1. 教育学生养成认真计算的习惯，树立自信心

学生的计算能力不高，源于平时计算不认真，也就是我们通常所说的马虎。因此，在平时可以利用课余时间与学生谈心，与学生沟通，增强学生的向心力；课堂上强调课堂练习草稿纸的作用，要求学生练习时草稿纸上的列式必须书写工整，数位对齐，并按步骤检查。多年来，由于受到应试教育的影响，学困生的比例不断增大，这些学生对数学兴趣不大，没有学习动力，甚至有厌烦心理，这是导致学生数学成绩差的主要原因。因此，要提高学生的成绩，必须消除他们的心理障碍，使他们树立自信心。具体做法：①课堂上要针对学困生准备教学内容，多引导、多提问、少批评、多鼓励；②平时引导学生用数学知识解决一些实际问题，使学生增强学习动力，同时激发其学习兴趣；③布置适度、适量的作业，并且在班级中进行上、中、下知识层面的分层布置，让不同层面的学生都能得到有效的训练。

2. 强化训练学生口算能力，切实打好计算基础

我在平时的教学中发现，高年级有相当一部分学生简单的求积、求商（如 11.3×2、$6.04 \div 2$ 等）还要列出竖式来计算。因此，要提高学生的计算能力，打好口算的基础就显得十分重要。教会学生掌握一些口算的正确方法和一些口算的技巧，教会学生用乘法口诀直接求积、求商，根据运算定律进行口算，等等，让学生从快速正确口算的训练中感受到做计算题的乐趣，从而变得乐于学数学。还要教会学生注意观察口算题目的特征，如799+54，可把799看作800，去加54，然后再把多加的1减去，这样心口合一，计算起来又快又准确。口算能力的培养是一个日积月累的过程，因此，我每天根据不同的训练内容，利用课前3～5分钟的时间进行训练，让学生多做形式多样的口算练习。大家都知道，计算题没有生动的情节，很难吸引学生的注意力，所以在进行口算练习时只有形式多样，才能充分调动学生的积极性。练习的形式有多种，如自算（在教材或教辅资料中找口算题，在规定的时间内看自己能算对几道）、互算（同学之间互相出题，互相评判）、口算竞赛、抢答赛、接力赛等，这些形式有趣味性，学生很喜欢。课后还要注意用好近年来学校统一征订的《口算心算速算天天算》同步教辅资料，切实做好学生的口算强化训练。我经过多年的教学实践发现，所教的学生的计算能力比我刚接手时有了不小的提高，学困生人数也少了，深感平时对学生口算能力的常抓不懈达到了理想的效果。

3. 让学生熟记常用数据，提高计算速度

在四则混合运算中，学生熟记一些常用的数据，不仅有助于达到"正确、迅速"计算的要求，还有助于较好地掌握计算的技能技巧，提高做计算题的兴趣。比如，①积为整百、整千的特殊数据（如$25×4=100$，$125×8=1000$，$625×16=10000$等）；②$1～20$的平方数的顺口溜，$11×11=121$、$12×12=144$、$13×13=169$、$14×14=196$……学生饶有兴趣，且记忆深刻；③强化在圆周长、圆面积计算时经常用到的$\pi～9\pi$、16π、25π、36π这些值的记忆；④常见的分数、小数、百分数的互化（$\frac{1}{2}=0.5=50\%$，$\frac{1}{4}=0.25=25\%$，$\frac{3}{4}=0.75=75\%$，$\frac{1}{8}=0.125=12.5\%$等）；⑤有关"0""1"的计算特征。实践证明，熟记这些常见的数据，学生的计算速度和正确率得到较大提高，数学成绩也有很大的提升。

4. 学生准确牢固地掌握法则是提高计算能力的关键

在理解法则的基础上，要求学生准确牢固地掌握法则，一方面可以加深学生对算理的理解，另一方面也可以培养学生的计算技能。开始时，要求学生口述计算过程，培养学生言必有理、行必有据的习惯，以保证运算的自觉性和正确性，熟练后还必须压缩思维过程，省略演算的某些中间环节，从而迅速得出结果，以提高计算速度和便于后续学习。

5. 讲究计算训练形式，激发学生计算兴趣

学生计算能力的提高是一个日积月累的过程，所以训练要经常化。扎实的练习是巩固基础知识、提高计算能力的保障。①有重点的典型训练，如$25×4$、$125×8$、$1÷8$、$3÷4$，常用小数、分数、百分数的互化（$\frac{3}{4}=0.75$，$\frac{5}{8}=0.625$等），3.14的倍数，常用的平方数；②容易混淆的对比练，如$2×6$和6^2，$1×2$和1^2；③经常出错反复练；④多种类型综合练；⑤启发学生思考，创造性地练。为了提高学生的计算兴趣，寓教于乐，要讲究训练形式的多样化，如用游戏、竞赛等方式训练，视算、听算、限时口算、自编计算题等。多种形式的训练不仅提高了学生的计算兴趣，还培养了学生良好的计算习惯。

6. 平常练习严要求，养成良好的计算习惯

培养学生书写认真工整、解题格式规范的良好习惯。认真书写对提高计算正确率也是大有帮助的，例如，在分数连乘、连除及乘除混合运算中，因为书写不规范导致的错误很多。有些学生书写数时常常"6""0"不分，"5""3"不分，书写运算符号"+""×"不分，这不仅会让老师批改判断错误，也会让学生本人分不清。培养学生养成独立、认真审题、分析的做题习惯，使学生养成"一看、二想、三做、四查"的做题习惯：一看，观察题目结构和运算符号；二想，想想运算顺序和所要用到的法则定律；三做，计算时一步一回头；四查，自觉耐心检查验算，独立纠正错误。

7. 加强各学段数的运算教学的密切联系

小学各个学段的数学教学内容是紧密联系的、不可分割的统一体，在平时数的运算教学中，教师要重视各个学段计算教学的联系。计算能力的培养和提高，必须从低年级抓起，直到小学毕业，只能靠日积月累，不可能突击完成。每一节计算课的教学，应该把它放在整个计算教学的系统中去理解，实施教法，使之上下贯通，前有孕育，中有突破，后有发展。此外，各年级的教师必须加强平时教学的沟通交流、团结合作，促使各个学段的计算教学、整个学校的计算教学融为一个整体，提高教学质量。

经过多年使用北师大版小学数学教材的教学实践，我深深体会到培养和提高学生计算能力是一项平凡而又艰巨的工作，既要注意方法、技巧，又要加强练习。教师应充分认识培养和提高学生计算能力的重要性，每一节课都要注意这方面的训练，并要做到持之以恒。总之，计算教学是一个长期复杂的教学过程，要提高学生的计算能力不是一朝一夕的事。教师要对计算法则、定律等运用自如，指导时才能得心应手；学生是千差万别的，教学中要减少学生计算的错误，提高计算能力，应根据学生的实际情况，因材施教，因人施教，采取相应的对策，做到持之以恒，学生的计算能力一定会提高，整体学生的数学成绩也一定会有较大的飞跃。

小学数学综合与实践课堂教学实施策略

韶关市翁源县龙仙第二小学　胡秀云

《义务教育小学数学课程标准（2011年版）》增设的数学综合与实践活动内容，为小学数学教学改革提供了广阔的前景，为培养学生创新意识、动手实践能力提供了更大的空间。数学综合与实践活动内容的设置，打破了原来教材重书本知识、轻直接经验，重得到结论、轻经历过程的教学模式。在数学课堂教学中积极开展数学综合实践活动，在学习内容上为学生的实践活动提供了条件，从教学方法上提供了保证，从氛围上提供了动力，使学生有思考和表达的机会，为学生搭建起展示才华的平台，能改变学生传统的学习方式，实现数学学习由被动向主动、枯燥向有趣、单一向丰富的转变。因此，数学综合实践活动课是一门必须上而且要上好的课。但在具体教学实践中，不少教师普遍反映综合实践的内容难把握，活动难开展，造成对综合实践内容的教学流于形式，达不到课标要求。我认为教学中开展好综合与实践活动，对培养学生的创新能力、动手实践能力和应用能力，有效促进学生生动活泼、积极主动的发展，能起到事半功倍的效果。下面，我从近年来综合与实践课堂教学的组织和实施的方面谈谈自己的一些做法。

一、以学生为主体，创设情境，激发学习兴趣

新课标明确指出：关注学生的经验和兴趣，通过现实生活中的生动素材引入新知，使抽象的数学知识具有丰富的现实背景，使数学学习生动活泼。学生是课堂学习的主体，教师在课堂教学中应尽量体现学生的主体地位，创设合理的情境，让学生积极主动地参与到学习活动中来。教学的意义不在于传授知

识，而在于唤醒、激发和鼓励。富有情趣地把学生引入学习的情境，不但能吸引学生的注意力、好奇心，引发学生探求知识奥秘的愿望，而且还能为学生学习新知起导向的作用。

例如，教学三年级《搭配中的学问》时，创设这样的情境：豆豆接到了动物园的邀请要去表演节目，他正在准备演出服，我们一起来看看他有哪些演出服吧？（课件出示）2顶帽子和3条裤子，学生观察汇报。（课件出示）他要选一顶帽子和一条裤子，可以怎么搭配呢？一共有多少种搭配方法呢？怎样搭配效果更好？大家猜一猜，再在小组里动手验证一下。问题一出，学生个个兴趣高涨，纷纷拿出漂亮的衣服卡片，从自己的生活实际出发，纷纷说出自己的不同搭配方法，并在小组里兴趣盎然地动手搭配着，在自主探究中初步感知搭配的方法，巧妙引出这节课的课题——《搭配中的学问》，从而激发学生的求知欲，产生"先声夺人"的教学效果。这样的教学情境拉近了数学与生活的距离，激发了学生的学习兴趣，提高了学生的学习积极性。

二、创建自主探究新知的情境，激发学习兴趣

新课程非常注重学生学的过程，教师在教学时应注意学生在活动中的主体性，要给学生留有充分的时间和空间，引导学生积极参与。大胆猜想、动手操作、验证探究是一种主动学习活动，它具有具体形象、易于激发兴趣、有利于理解知识的特点。牛顿曾说："没有大胆的猜想，就没有伟大的发现！"

如在四年级《三角形内角和》的教学过程中，放手让学生猜测三角形内角和的度数，使后面的探索和验证活动有明确的目标。三角形的内角和到底是不是180°？用什么方法可以验证呢？引导学生思考，得出以下几种验证方法：量角验证、剪拼验证、折拼验证。学生首先很自然地提出量角验证。学生量角计算后会发现答案不统一，从而认识到测量法会有误差，仅用测量这一种验证方法只能得到三角形的内角和在180°左右，到底是不是180°，疑问依然存在，说服力还不够。此时教师顺水推舟，让学生继续探求比较科学、简捷的验证方法。学生的想象力是无限的，有学生利用手上的学具想到剪拼的方法，也就是把三个内角剪下来拼成一个平角来验证。还有学生想到折拼的方法也可以验证：把三角形的三个内角向内折，拼组成一个平角来验证。综合以上的验证方法，得出结论三角形的内角和是180°，疑问解除。

在以上验证活动中，教师并不像过去那样告诉学生怎样动手去验证，也不是随意放手让学生盲目地操作，而是把放和引有机地结合，鼓励学生积极开动脑筋，打破了传统封闭式的教学过程，构建了生生互动的开放式的教学空间，使学生真正成为学习的主人。学生从不同的途径探索解决问题的方法，自主参与验证活动。这样，既培养了学生的合作精神，又培养了学生的实践能力。这种教学形式新颖而且富有趣味性，因而深受学生的喜爱。学生在探究验证活动的过程中兴趣盎然，对数学学习产生了浓厚的兴趣，学习的积极性得到空前的提高，收到了很好的学习效果。

三、以数学知识为基础，体验数学生活化

数学新课标指出，数学学习应从学生的生活经验和已有的知识基础出发，给学生提供充分开展活动和交流的机会，引导学生在自主探究、合作交流中掌握数学知识和技能。因此，数学活动要重点突出数学性，培养学生从数学的角度去发现问题、提出问题、分析问题和解决问题的能力，并使学生从中体会到数学知识在生活中的广泛应用。

如教学六年级《下水道井盖为何是圆形的？》这一内容时，做如下教学设计：什么是下水道井盖？井盖是下水道入口处的盖子，井盖为什么都要做成圆形的？这样一问，一石激起千层浪，学生产生疑问：为何井盖不做成其他形状，如长方形、三角形等呢？此时教师因势利导，让学生用纸片学具实验操作，探求新知。

实验一：用三角形井盖封下水道，小组合作试验后，得出如果任意旋转三角形井盖，就不时会出现空隙，若一不小心就会让井盖掉入下水道里，这样的井盖不够科学，也容易造成危险，所以井盖不能做成三角形的。

实验二：用长方形井盖封下水道，小组合作试验后，得出这时一定要当井盖旋转90°时才不出现空隙，其他角度都会出现空隙，这种井盖打开和合上比较麻烦，不够快捷方便，操作不科学，所以井盖也不能做成长方形的。

实验三：用圆形井盖封下水道，小组合作试验后，得出圆形井盖封下水道，无论哪个角度都能方便、快捷、严实地密封好井口，并且表面平稳，人走在上面既平稳又安全，所以得出结论：生活中的下水道盖子都是圆形的。

通过一系列的操作学习，让学生感受到生活中数学的广泛应用，从而体验

生活、认识社会。

四、让学生经历探索新知的过程，发展学生动手能力和推理能力

小学数学新课标明确指出，"学生的数学学习活动应当是一个生动活泼的、主动的和富有个性的过程"。数学学习方式不再是单一的、枯燥的，不再以被动听讲和练习为主。课堂教学应当是开放的，尽量把基本知识、基本技能、基本活动经验放在学生个性化参与中解决。这就要给学生充足的从事数学活动的时间和空间，让学生在动手实践、自主探索和合作交流中经历观察、实验、推理等活动过程，在亲身实践中学习新知。

如教学四年级"数学好玩"中的《密铺》时设计如下教学：装修房间地面铺同一种地砖，现在有如下形状：平行四边形、等边三角形、长方形、正五边形、正六边形、等腰梯形、圆形。（多媒体出示图形）你选择哪一种？猜猜看，你选择的地砖能进行密铺吗？为什么就圆形不可以密铺呢？（生：圆上没有角，圆与圆放在一起，中间总有空隙，不能密铺。）你们确信其他的图形都能密铺吗？有没有怀疑？（生：其他的图形上都有角，铺起来就不会像圆形那样中间有空隙。）那么这些猜测都对吗？怎样知道大家的猜测是否正确呢？实践是检验真理的唯一方法，就让我们一起利用学具来动手来操作验证吧。请个别小组展示验证的过程。小组合作验证得出：平行四边形、等边三角形、正六边形、等腰梯形能无空隙，不重叠地铺在平面上，所以它们都可以单独密铺。正五边形不管如何去铺，都会有空隙，所以它不可以单独密铺。开始我们通过观察分析都认为正五边形能够密铺，但通过操作，发现正五边形不能进行密铺。这说明光凭眼睛看、凭感觉猜想还不够，我们还应动手验证。

在这一环节，让学生动手实践、小组讨论、展示汇报，经历知识形成的过程，弄清知识的来龙去脉，加深学生对密铺知识的理解，让学生养成善于总结的好习惯。展示汇报给学生提供了充分展示自己的机会和平台，增强了学生自我学习成功的自豪感，增强了学生学习的自信心。这样不仅活跃了课堂气氛，还有利于调动学生的积极性，发展学生的动手能力，培养学生的合作意识，提高学生的推理能力。

总之，小学数学"综合与实践"内容是新课程改革后出现的一个新领域，

这个领域沟通了生活中的数学与课堂上的数学，使发展学生的综合应用知识的能力成为必须学习的内容，对于改变学生的学习方式具有重要意义。课改10多年来，虽说"综合与实践"在教学实践中得到了一定程度的重视，但仍未达到理想的效果，还需要我们广大数学教师努力探讨更有效地组织和实施"综合与实践"的课堂教学的新途径。

参考文献

王光明、范文贵.义务教育课程标准（2011年版）解析与教学指导丛书·新版课程标准解析与教学指导：小学数学［M］.北京：北京师范大学出版社，2012.

新课程理念下的数学课堂教学例谈

韶关市翁源县龙仙第二小学　胡秀云

新课标强调以学定教，应从学生的角度出发来设计教学，实施新课程，我们必须立足于课堂。新课程明确提出改变学生的学习方式，但学习方式如何改变，关键还要看教师教的方式。我们主要看课堂是否由教师垄断地"讲"变为学生自主地"学"。新课程强调学生主动参与、自主学习，而在现行教学中，有相当一部分教师穿着"新鞋"徘徊在"老路"上，仍然唱着"独角戏"，新课改的基本理念和要求，根本没有得以体现，学生仍是被动的听众，最多不过是在按教师设计的脚本，配合教师"演戏"而已。新课程下的一名合格教师应该是一个出色的"导演"，而不再是"主演"。可喜的是随着新课程改革的不断深入，不少教师的观念得到了转变，开始注重培养学生学习知识的能力、分析解决实际问题的能力、与他人交流合作的能力。在新课程背景下，课堂教学的着眼点是学生，教师的教学要根据学生的需要来调节，要注重调动学生的积极性，让学生积极主动地学习。下面我谈一谈新课程理念下实施数学课堂教学的几点体会。

一、创设生动情境，激发学生学习兴趣

兴趣是最好的老师，只有学生对某一事物产生了兴趣，学生才会有学习的欲望，才会产生学习的内驱力。数学的教学内容较抽象、枯燥、无味，没有形象生动的语言及生动的故事情节，不易引起学生对数学的学习兴趣。因此，在教学中我们可根据小学生好奇、好新、好动的特点，采用具体形象的事物和一些有趣的故事，通过富有趣味性、探索性的语言，吸引学生的注意力，使学生

产生对新知识的求知欲望，从而激发学生的学习兴趣。

例如，在教学第三册《快乐的动物》时，借助童话故事引入创设情境："小朋友们，现在正是秋高气爽的时候，森林里的小动物们都到河边玩耍了，它们是谁呢？我们一起去看看好吗？"这些话语马上引起学生强烈的学习兴趣，在学生兴趣盎然、全神贯注时利用多媒体课件出示生动形象的主题图。这里，以小动物们到河边玩耍这一童话情境为切入点，引领学生走进童话世界，使学生产生强烈的好奇心，在一种兴奋、积极的状态下学习数学。这样的教学，赋予数学内容一定的感情色彩，将数学知识渗透到童话故事中，从而激发了学生对学习数学的兴趣。

二、鼓励动手操作，联系生活学习数学

数学知识来源于生活，生活是数学知识的源泉。在教学中设计学生动手操作、实践运用等环节，充分体现以活动促发展的教学思想，并把原有的知识传授设计成了一连串的活动，如找一找、摸一摸、摆一摆、认一认、比一比等，在多种感官协调参与下，学生经历知识的形成和探究过程。整个教学过程以学生为中心，以学生的自主活动为基础，让学生真正动起来，让课堂真正活起来，把抽象的数学知识转变成学生生活的具体事例，使学生便于理解，学生学习起来也有浓厚的兴趣。

例如，在教学第四册的《认识角》时，在以往的教学中，不少教师的做法是：先画出或出示几个不同的角，问学生这些叫什么？然后便直接出示角的概念，接着安排学生进行角的认识的有关练习。这种教学看似较为简捷，几分钟后学生就能说出角的概念，但这个概念的产生却脱离学生的认识规律，学生记住的仅仅是一个孤立的概念。如果我们换一种方法：先问同学们见过角吗？请找一找藏在教室门窗、剪刀、钟面、红领巾等熟知的物体上的角，让学生知道生活中处处有角，角就在我们身边。让学生动手摸摸课桌、书本、铅笔盒等各种物体中的角，再让学生用两根小棒摆一个角，让学生在比较、交流的过程中初步感受角、认识角，有利于学生建立角的表象。最后通过将所摆图形的边与顶点指给同桌看，进一步加深学生对角的认识。接着问：什么叫角呢？角的大小与角的边的长短有关吗？那么角的大小与什么有关呢？你能画一个角吗？在此基础上，再让学生说说平时生活中所看见的各种各样的角，从而进一步理解

角的概念。

这样的教学，让学生在动手实践中化抽象的数学知识为看得见、摸得到的东西，既获得了知识，又学会了思考问题和解决问题的方法。让学生在生活中找一找角，这样不但能体现数学来源于生活的特点，而且能让学生带着浓厚的兴趣学习新课。学生在主动探索、获取知识的同时，掌握了学习数学的方法，训练了用数学的眼光来看待身边的事物的能力，培养了学生的问题意识和解决问题的能力。

三、改变封闭的数学课堂教学模式，体现课堂的开放性

改变枯燥、单调、封闭的数学课堂教学模式，体现数学课堂的开放性，是数学教学发展的必然趋势。开放式教学能挖掘学生的潜能，开发学生的智力，切实调动学生学习的积极性。课堂教学的开放包括教学内容、学习空间和数学问题等方面的开放。

数学教学不要只局限于课堂教学的学习，要让学生走出狭窄的教室，到野外去观察、测量、实践、计算，还可以通过家庭、社会、网络学习数学知识，鼓励学生多参加课外数学活动。例如，教学第八册《统计》时，教师可以在教学前，让学生去调查统计水果的价格、天气情况、红绿灯附近的交通情况等，将这些统计的数据，在课堂上展示，相互交流，激发了学生学习统计知识的兴趣，提高了学生解决生活实际问题的能力。学习空间的开放，促进了学生能力的发展。

我们每堂教学课都会有很多数学问题，数学问题的提出要尽量让学生有思考的余地，要能够促进学生思维的发展、能力的提高。例如，在学习第十册《可能性》时，教师可以这样问：为什么抛硬币出现正面和反面的可能性是相同的？这个问题富有思考性。学生在抛硬币时，出现正面和反面的可能性往往不相等，有时结果相差很远，这样就使学生产生了认知冲突，学生带着这个问题去实验，发现：抛的次数越多，出现正面和反面的次数就越接近。

四、适当对学生进行激励性评价

准确到位的评价语言能彰显出高超的课堂教学艺术。评价方式的多样化和鼓励性能让学生更大胆、更自主地参与到学习中来，为他们自主学习提供原

动力。如教学第六册《轴对称图形》时：在学完新课后，安排一个小组活动，让学生合作创作美丽的轴对称图画作品，让学生先小组讨论一个主题，再分工合作，通过剪一剪、画一画、贴一贴等方式，学生创作了许多美丽的轴对称作品。让学生创作美丽的轴对称作品，极具挑战性，又充分发挥了学生的才能。师生在欣赏同学的作品的同时评价作品，如"你们组的对称图画作品太美啦！""你们的作品富有想象力，真好啊！"等激励评价，学生听到适当的评价，能体验成功的愉悦，因为每个作品里面都包含着创作美的成就感，包含了对自身的肯定和自我价值实现的体验。

教师在教学的每一个环节都应尽量让学生自己去尝试探究，并在学生的学习过程中进行准确到位的评价。例如，"你真聪明，那么快就想出了正确的解题方法！""你真认真做练习，又快又对！""你们真会用联系的眼光看问题""这么容易出错的地方出错是可以理解的，正是他的错给了我们启示""你们的基础知识真扎实""对他写的算式你们给他提点建议，再添上点什么就更好了？""你读得很准确，要是再大声点就更好了"等等。老师不吝啬对学生的鼓励，同时也及时地指出问题使其改进。丰富而有感情色彩的准确到位的评价给数学课堂增添了魅力，体现了教师对课程改革理念理性的思考和准确的把握。

新课程理念下的数学课堂教学着眼点是学生，要创设生动形象的学习情境，鼓励学生动手操作，动脑思考，充分运用各种感官，注重调动学生数学学习的积极性，让学生积极主动地探究学习，从而体现学生学习的主体性，让学生在学习中体会获得成功的快乐，让每一位学生都能得到全面发展。

浅谈小组合作学习在小学数学教学中的应用

韶关市翁源县实验小学　曾东烨

随着新课程改革的不断深入，小组合作学习的教学模式在教学中也得到了一定的应用。小组合作学习不仅有利于学生之间相互取长补短，共同进步，更有利于构建小学数学高效课堂，因此，在教学中教师应根据教学内容和学生的学习情况，适时地开展小组合作学习，确立明确的学习目标，发挥学生的主体性，提高学生合作、探究和创造的能力，并结合有效的评价体系，激发学生学习的积极性，师生共同构建高效的课堂，实现教学目标。

新课程标准提倡：以学生为本，关注学生的学习过程。教师要严格按照新课程改革的要求，转变自身角色，成为学生学习的设计者、引导者、合作者；构建民主、平等的课堂氛围，引导学生主动学习和合作探究，鼓励学生之间相互交流和质疑。这样学生参与热情就能被调动起来，大大提升学习效果。几年来的小学数学课堂教学与研究实践也使我逐渐领悟到，小组合作学习的教学模式，相比传统的教学模式，更能让学生学会学习，提高其解决问题的能力，真正让学生学以致用。

一、小组合作学习的意义

小组合作学习是一种内涵丰富，有利于学生主动参与的多样化的教学组织活动。有效的小组合作学习可以在小组成员之间形成开放、轻松的学习氛围，使小组成员相互激励、相互促进；可以提高学生的学习效率；培养学生的团队合作精神，激励学生的学习欲望，真正促进学生之间的共同进步。因此，开展小组合作学习是社会发展的需要，是改革的需要，更是对教师不断发展的要求。

二、小组合作学习的操作过程

小组合作学习只是数学课堂教学中学生的多种学习方式中的一种，并没有固定的操作模式，我在教学中，常常是这样引导小学生的小组合作学习的。

1. 教学情境创设

教学情境的创设是为了激发学生的兴趣，引起学生的思考。小学生的知识面比较狭小，但活泼天真，具有好奇心，求知欲极强，因此，我在教学中为学生创设了解决身边数学问题的情境，密切了数学与生活的联系。现在新教材安排了许多情境教学，图画精美、生动细致，非常贴近学生的实际生活，为我们创设情境提供了生动有趣的素材。例如，我在教学《买电器》时，创设了学生自己去超市买家用电器的情境，让学生根据自己的生活常识，先对洗衣机、冰箱、电视、风扇等价格进行估算，从而引起了学生的极大兴趣，且很快从具体的情境中，提出了相关的数学问题，使学生明白了数学原来就在自己的身边。

2. 明确学习任务

为了让学生的小组合作学习开展更顺利和有效，教师要做的就是引导学生进行学习任务的确定，也就是根据学生的学习情况，向学生说明具体的学习内容和目标、完成任务的方法、评价的标准等。此外，就这些任务而言，作为学生的引导者，还要重视学生的分工配合，即让每个学生都能参与小组合作学习，真正实现人人有事做。在实际的教学中，只有当学生明确了学习任务之后，才能有效地避免小组合作中的盲目性，以确保小组合作学习的高效性。例如，在教学《统计》这一内容时，我向学生提出了学习任务：明天下午第一节体育课，老师准备给你们安排些体育活动，到底有哪些运动项目呢？请你们以小组为单位，调查与统计一下。学生在明确了学习任务之后，便在数学课代表与班长的带领下分工完成自己的任务去了。

3. 合作与探究

学生明确了学习任务之后，教师就开始引导学生进行合作探究，让学生在独立思考后进行相互交流，进而形成最终的学习成果。在这一过程中，学生还必须明确任务的分工，换句话说就是将学习任务分配到个人，以确保小组合作的有效性。

例如，在教学《搭一搭》一课时，我让学生拿出课前准备的13根小棒，搭一搭，搭完正方形后还剩下几根？注重将具体的操作活动与抽象的算式建立紧密的联系，在学生自己搭完之后，进行小组讨论，包括三个方面：一是各个数表示的意义是什么；二是如何用算式表示出来；三是重点讨论剩余的"1"能不能再搭一个正方形，且如何在算式中表示出来。需要强调的是，对这些问题的讨论并不是多余的，它们打破了学生原有的"认知平衡"，是建立"余数要比除数小"的观念的重要基础，让学生真正理解除法算式的各部分意义，且使学生在活动中学会了合作、思考，极大地调动了学生学习的积极性。

4. 交流与评价

交流、评价就是学生总结学习成果，教师在捕捉学生感性描述时，适时提炼、共享并做出判断的过程。在学生进行交流表达的时候，教师要求学生尽量用清楚的语言表达出自己的观念，并让学生在小组中善于听取他人的意见，进行总结。在倾听完学生成果之后，教师就要针对学生的合作过程、结果进行合理、公正的评价，从多层面对学生进行相应的教学评价，巩固学生所学的知识。这就需要不断地完善评价机制，提高教学效率。具体的评价方式有生生互评、学生自评、教师对小组进行评价等。而具体的评价内容有学生在小组合作学习时的表现、小组探究问题所得成果。在评价的过程中，注重给予学生肯定和鼓励，以此帮助学生树立学好数学的信心。记得我上《儿童乐园》这一课时，把全班学生分成了四个小组，假设每个小组分别坐飞机、坐火车、划船、坐在凳子上聊天，算算你们组有多少人？这就出现了课堂上的一幕：一个10人小组在组内讨论的基础上，有3个人一组的，分成了2组，剩下的4人分别坐在了凳子上假装聊天，一个人说题意，一个人说确定算法的依据，一个人板书算式，最后一个人向大家征求意见："请问同学们还有什么意见吗？"通过小组分工的方式，他们很快就从3+3=6中列出了相应的乘法算式，且还有学生做了认真的回答和补充，以及合理的解释。我抓住时机，对这个小组的讨论交流进行了简单的评价，给他们小组奖励一面红旗并让其他组学生给予了热情的鼓掌，在其他组的笑声中，每个小组成员带着自信的笑容回到了自己的座位上，继续认真地听其他组的问题。每个小组得到了不一样表现自我的方式，但一样的是他们在合作中得到了成长。

三、小组合作学习的实施策略

小组合作学习是新课程积极倡导的有效学习方式之一，然而我在刚开始操作的过程中总会感觉"心有余而力不足"，状况不断。经过这几年的不断探究摸索，我认为想要行之有效地开展小组合作学习，不仅要对小组合作学习有正确的理解、实际的操作，更要有专业理论的科学指导，才能在数学教学活动中使小组合作学习优化课堂效果。我们可以从以下几个方面入手。

1. 培养学生的合作意识

传统的教学模式是以教师为主，学生聆听，一问一答的固定教学模式，现在新课程的改革要求以学生为主体，采取小组合作的形式去解决某些问题，激发学生的积极性，所以，小组合作学习应该是学生学习的自发性行为，而不应该是教师要求的反应，为此，想要在课前课后有效地开展小组合作学习，我们应培养学生的合作意识。培养学生的合作意识，可以从几个方面入手。首先建立长期合作小组，小组成员一般控制在6～8个人，这是基本的条件。经过长期的合作学习之后，学生感觉到小组就是一个整体，自己是这个整体中的一个成员，潜移默化地培养了学生的合作意识。然后在班级中利用一定的时间开展学习方式专题讲座，向学生宣传各种各样先进的学习方式，重点介绍小组合作学习方式的优点，一般的操作策略，使学生产生自主、合作、探究的欲望。最后，开展一些小组合作学习的竞赛活动，定期不定期地进行评优，激发学生合作的兴趣，逐步将合作学习内化为学生的学习品质。

2. 教给学生合作技能

小组合作学习作为一种新的学习方式出现在学生的学习活动中，一开始实施时，学生对学习方法难免有些不适应，合作时无所事事，要么讲些与课堂教学无关的题外话，要么人云亦云，对小组内的意见根本无法做出自己的判断。因此，想要有效地开展小组合作学习，作为教师，很有必要教给学生一些基本的合作技能。比如，在小组合作分工学习时，要交给学生分工的方法，根据成员不同的能力，让他们承担不同难度的任务，保障任务的顺利完成。在小组合作讨论、交流时，要教会学生尊重对方，理解对方，善于倾听对方的意见；有不同意见时，在对方说完之后再予以补充；遇到困难时，要心平气和，学会反思，有建设性地解决问题。当然，这些技能和品质不是一朝一夕就能练成的，需要我们有意识地长期培养。这种培养，仅依靠课堂的训练是远远不够的，还要重视学生课后小组合作学习的延伸与家庭教育的有机结合。

3. 小组合作学习与自主探索的有机结合

小组合作学习虽然是一种重要、先进的学习方式，但并不是万能的，它还应与其他学习方式有机结合，特别是与自主探索结合，才能发挥出更好的合作效应。因为自主学习是合作学习的前提和基础，小组合作学习离开了自主探索，是落不到实处的，因此，在教学中，教师既要给学生独立思考、自主探索的时间和空间，更要为学生创造小组合作学习的平台，让学生在自主探索的过程中形成自己对知识的理解与掌握，在与人合作交流中逐渐完善自己的思想，充分发挥小组合作学习的时效性，真正优化教学课堂。

4. 教师参与学生学习活动并指导

合作学习是学生的一种学习方式，同时也是教学的一种组织形式。学生的合作是否有效，是否能优化课堂，同教师的参与与指导是分不开的，因此，在学生开展合作学习的时候，教师不能袖手旁观，而应当从讲台走到学生当中，在组间巡视，对各个小组的合作进行观察和提醒，掌握各个小组合作的情况。同时，教师还要针对学生合作过程中出现的各种问题进行及时有效的指导，帮助学生顺利完成任务。

总之，小组合作学习是一种行之有效的学习方式，是培养学生良好学习品质的学习方式，我们要通过不断地指导，长期的熏陶，积极引导学生将其吸收、内化。作为教师，也应该经常开展小组合作式的学术探讨，不断反思、改进，使自己逐步走向成熟，适应新课程的教学。

📖 **参考文献**

［1］白春元.合作学习在小学数学教学中的应用研究［D］.北京：首都师范大学，2003.

［2］王坦.合作学习——原理与策略［M］.北京：学苑出版社，2001.

［3］庞国斌.合作学习的理论与实践［M］.北京：开明出版社，2003.

真正让学生做主，成就数学高效课堂

韶关市翁源县龙仙第二小学　曾丽英

教学改革给了教师和学生大好的机会与空间。无论教学改到哪里，高效课堂永远是教师的追求。我对如何提高课堂效果进行了学习与研究，并结合多年的数学教学经验，从让学生发现问题、让学生自主操作及鲜活操练形式三方面阐述如何让学生做数学课堂的主人，让他们爱学、会学、乐学，从而实现数学课堂的高效性。

执教10余年，我在课下与同事交流中，常常听到各种抱怨："我讲了这么多遍了，还这么多同学不会。""唉，我越来越不会教了"……更甚的是，学生私下里还发牢骚："上体育，食鸡粥；上数学，食毒药……"教师教得很辛苦，学生学得也很辛苦！我们需要调整调整我们的教学方法，让学生在课堂上自己动手、动脑，把所谓的"毒药"变成香喷喷的"鸡粥"，让学生自主爱上数学，乐上数学课。

《义务教育小学数学新课程标准》要求我们："课堂活动的主体是学生。""教师讲，学生听；教师做，学生看"的教学模式已经不适合现在的学生了，教师应创造一个有利于学生活泼发展的教学环境，把课堂真正交给学生，给学生充分发展的时间和空间，真正唤醒学生的主体意识，提升学生自主学习的兴趣与激情，增添数学课堂的活力。

一、让学生自己发现问题，激发学习动机

在课堂教学中，把学习主动权交给学生，让学生自己主动发现问题，探索新知，这对学生来说印象更深，理解得也更深刻，极容易掌握问题的内在规

律、性质和联系，有利于培养学生自主探究、积极思考的良好品质。

教学五年级上册的《分饼》中，我请学生拿出课前准备好的9块圆纸片，要求把它平均分成4份。学生自由地分了一会儿后，便互相讨论起来了："最后还是有一块分不了啊。""这一块怎么分啊？""结果怎么表示？"……我示意大家安静下来，说："同学们，你们的问题提得好！今天，咱们就来一起解决这些问题，好吗？"那一节课，学生学得很积极，效果不错。这样让学生自己主动发现问题，激发了学生解决问题的动力与自信心，激发了学生自主探究的欲望。

二、放手让学生操作、思考，提高学习效果

好动、具有强烈的好奇心是小学生共有的特征，对于什么事他们都愿意自己去试试。所以教师在教学中应根据学生好奇、好动的特点，通过动手操作和多种感官的参与活动来激发学生的兴趣，使他们集中注意力。

北师大版数学三年级下册的《什么是面积》是一节概念生成课。在教学中，我让学生认真观察并用手摸摸课前准备的树叶、课本、课桌、黑板等实物的表面。学生兴趣盎然，并在观察和触摸过程中理解了"面积"的意义。为了突破"让学生体验比较图形面积大小策略的多样性"这一教学难点，我引导学生在学习小组中选用课前准备的硬币、小正方形、剪刀等学具，自由探索面积的大小。有的小组将两个图形重叠后，对剩余部分进行比较；有的小组用硬币摆一摆、数一数；有的小组用方格纸比较面积的大小；有的小组用小正方形来拼摆……课堂一直以学生为主体，所有结论都是学生自己动手、动脑、总结出来的。学生在交流的过程中，感受到人与人之间合作的快乐，同时享受到积极思考后获得成功的成就感。

三、鲜活操练形式，学生自主乐学

数学练习是教学流程中重要的一个环节，其效果好坏，直接关系到数学教学质量的高低。有效练习设计是提高课堂教学效率的重要措施。教师除了在练习的内容设计上要讲究科学、合理、有层次外，操练的形式也是非常关键的。

1. 数学游戏形式

数学练习不一定都要在本子上写，也可以是一个游戏。在教学五年级上册

《质数和合数》一课时，我和部分学生共同设计了一个游戏。规则是：按老师或同学的口令站立，看谁反应快。（口令：①座号是质数的/合数的；②座号是最小质数的/合数的；③座号既是偶数，又是质数的；④座号既是奇数，又是合数的；⑤座号既不是质数，也不是合数的。）

通过游戏，学生对质数与合数加深了认识，把愉快的学习气氛推向高潮，提高了思维的灵活性，养成不甘落后、积极向上的学习品质。

2. 合作练习形式

数学练习还可以是一种同学间的合作活动。教师平时还可以让学生分小组设计课后练习题，然后组与组之间交换题目做，完成后再交回出题的小组批改。如果小组中遇到解决不了的难题，就由组长来请教老师。

3. "以点带面"形式

根据小学生的表现欲强的特点，进行简单的课堂练习时，教师检查先完成的几个学生的完成情况，确认他们做对后，让他们做小老师，分别负责检查某列同学的练习情况并及时辅导。如此以点带面检查辅导学生，比起教师一个人要强多了。教师如此放手，让学生动起来，既锻炼了学生的学习能力，激发了他们的学习热情，又提高了课堂效率。

总之，教师真正让学生做数学课堂的主人，要让学生自己发现问题，放手让学生操作、思考，在鲜活的练习形式中自主构建知识。只有让学生爱学、会学、乐学的数学课堂，才能使学生更有信心、更主动地学习，促进课堂教学效果的提高，使我们教师轻松教学，收获累累硕果！

差错在教学中的价值

韶关市翁源县实验小学　丘珊莲

看似"完美"的课堂并不一定是有价值、有效的课堂，这样的课堂缺少了学生有意义的生成，虽然这些生成有些是学生对知识的错误理解。教师要运用自己的教育智慧，充分利用这些"差错"，把它们作为一种课堂教学资源，发挥其作用和价值，引导学生充分地、更深层次地理解知识点，使课堂变得更有容量、更有效。

从教以来，我听了很多的公开课、观摩课，大多数的课看起来都非常成功：学生坐得整整齐齐，回答问题整齐划一，上台板演都是正确的，小组讨论、全班交流很快就能得出正确结论，课堂练习也都能正确完成；从上课伊始到下课铃响，学生都能按照老师课前预设的教学过程"顺利"地上完课。我很佩服那些教师的耐心与循循善诱，佩服他们的课堂教学取得这么好的教学效果。可是，我总觉得这样的课堂少了点什么。差错！是的，这样的课堂少了差错。老师说一点，学生照着做一点，"一二一"大家齐步走，既整齐划一又不容易出错。我很疑惑，这样的教学有学生思考的空间吗？这样的课堂是谁的课堂？我们是要"完美"的课堂还是要有价值、有效的课堂？我认为，这样的课堂忽视了差错在教学中的价值。课堂是学生出错的地方，出错是学生的权利，帮助学生不再犯同样的错是教师的义务。辨证施治的教育才是适合学生的教育，才能取得教育的成功。差错在教学中的作用和价值主要体现在以下几个方面。

一、善于利用差错能使学生有效地掌握知识点

很多教师在上课特别是公开课时都害怕学生出错，害怕出乎意料，害怕处置不当，害怕课会偏离自己预设的运行轨道。因此，在传统的课堂教学中总是在学生探究前安排大量的复习和铺垫，十分"到位"乃至"越位"的提示或暗示，采用"未雨绸缪、防患未然"的做法。例如，《平行四边形面积计算》的教学，我们总会给学生足够的铺垫。开始是知识的铺垫，先要给学生复习长方形、正方形面积的求法，包括注意点；接着是给学生铺垫转化的方法。可我们会在接下来的练习中发现，会有学生计算时用两条相邻的边相乘，并且在纠正之后还会再犯。我想大概是因为他之前没有出错的机会，所有结论都是教师直接或间接传授的。实际上这也剥夺了学生自主处理新问题的权利。

在教学《圆的画法》时，相信很多教师都是先介绍圆规的使用方法，讲清画圆的步骤，再让学生动手画。这样，学生只是被动地接受，对于很多知识点还是一知半解。我有幸在第五届现代与经典全国小学数学教学观摩研讨会上听过华应龙老师的一节课。他上的是《圆的认识》，他在教"圆的画法"这一知识点时，什么都不讲，给了学生一把圆规、一把直尺和一张纸，让学生画出一个直径为3厘米的圆。结果40个学生只有五六个学生画标准了。有的半径不等，有的圆心移位，有的把直径当作半径……华老师看着这些圆却笑了，说画得好，能使我们发现很多问题。然后他让学生互相讨论圆规的正确操作方法，及如何取圆的半径。学生经过讨论交流得出了如下结论：①圆规的一只脚不能动，动了会使圆心移位；②圆规两脚间的距离不能变，否则画出的圆不规则；③圆规两脚间的距离就是圆的半径。进一步提炼得出：①圆心确定圆的位置；②半径确定圆的大小。整个过程也不过是七八分钟，却使学生悟出了多个知识点，令我印象深刻。

二、善于利用差错能让学生体验知识的生成

当教师把一切现成的端给学生时，他们只知道张口吃，却不知道这些食物来自何处？如何来的？以后他们依然无法觅食。把课堂还给学生，让学生自己探索，给他们出错的机会，这样他们才敢于思考，敢于尝试，他们总会在不断碰壁中寻找到解决问题的最佳方法。教师只需要适当加以点拨，学生就可能会

给教师一个意想不到的结论。

我曾听过一节很优秀的课。一位教师上一年级的"统计图"。她设立了这样一个情境，有四种体育运动，想要统计一下班里人最喜欢的运动是什么，人数是多少。学生讨论得出用举手方法来收集数据，统计后出现问题了，总人数多了，有人重复举手了。一般教师可能就会让学生重新举一次再统计，修改一下数据，可这位教师则组织学生讨论：举手不行，那用哪种方法收集数据最好，才不会出现重复的现象？学生想到了很多方法，如每人写纸条，站成四列，喜欢哪一种就站到哪一列……最后教师组织大家用写纸条的方式进行统计。我认为这位教师这样处理问题非常有教学艺术。首先，两次发挥学生的能动性，出现问题，抛给学生解决；其次，让学生经历了最优策略的选择过程，比一开始就让学生写纸条学生印象更深刻；最后，体现了数学知识都是在需要中产生的，方法策略都是在实践中总结的。所以我们要善于利用学生的差错，让他们体验知识的生成应是"授人以渔"而不是"授人以鱼"。

三、差错是正确的先导

差错具有启发功能，它可能成为正确的先导，差错背后往往隐藏着正确的结论，或者成为引发正确结论的"基石"。教师要善于发现差错背后隐含的教育价值，引领学生从错误中求知，在错误中探究……

我们在课堂上常常会遇到这样的现象：提出一个问题，教室一片寂静，但当某个学生发表了一个有"差错"的意见之后，其他学生陆陆续续地就会补充、修正。是学生的"差错"撞击出了其他学生思维的火花，使更多的学生更快地走向"正确"。

我有一次教《圆柱的认识》时，在学生简单直观认识圆柱体之后，提出了这样一个问题：圆柱的侧面展开是一个什么图形？学生思考了好一会儿没有人举手，终于有一个学生迟疑地把手举起来了："老师，展开后应该还是圆吧？"话音刚落，好多学生都举手了："不可能，两个底面才是圆形。""是长方形。""是正方形。"……我用课件慢慢展示沿着一条高剪开的展开图，学生马上脱口而出："长方形！"我让学生继续思考："除了长方形，还可能是什么图形？"学生的思维更活跃了："斜斜地剪开是平行四边形。""随便剪是不规则图形。"……不要小看一个错误的回答，它能起到"抛砖引玉"的

作用。因此，在课堂上应鼓励学生多发言，不要怕出错，要敢于思考。

当然，差错作为一种课堂教学资源有其作用和价值，但不等于鼓励和提倡学生犯错，只有学生在尽最大努力避免出错的前提下所犯的错，才可能最有教育价值。而且，教师在对课堂上学生出现的差错的处理上应注意以下几个问题：①避免直接纠正学生的错误；②要有利于学生的进一步学习和思考；③要有利于本课教学目标的达成。

差错的价值有时并不在于差错本身，而在于师生从中获得新的启迪。对教师来说，学生的"差错"是机遇，是挑战，更是教育智慧的折射。我们说"课堂因差错而精彩"，并不是说有了"错"很精彩，而是指用了"错"更精彩，精彩之处在于教师艺术地处理了随机生成的差错，巧妙地彰显了差错的宝贵价值，使之在课堂教学中发挥了不可替代的作用。

浅谈数学课堂趣味性与严谨性的有效统一

韶关市翁源具实验小学　丘珊萍

数学是一门与数字和图形打交道的课程，是一门要求极为严谨的学科，它容不得一丝一毫的马虎，所以，它是培养学生严谨的数学思维、数学思想方法的一门重要的课程。从接触它的第一天开始，我就认真对待，并进一步培养学生养成认真、严谨的学习态度，并不断从教学中让学生认识到认真对待这门学科的重要性。但是，"知之者不如好之者，好之者不如乐之者"，数学充满数字、定理、公式、图形……既抽象又枯燥。小学生的思维比较具体、形象，自主能力较差，同时又活泼好动，心理素质还很不成熟，他们对数学学科的兴趣在很大程度上还取决于教师所创设的教学情境。教师只有依据学生的认知规律及年龄特征，精心设计和组织教学，激发学生学习数学的兴趣，充分调动学生的学习积极性，才能使学生自觉主动地学习，从而达到好学、乐学的境界。因此，有效地在数学课堂中兼顾趣味性与严谨性，让学生在充满趣味的数学课堂中体会数学思维、数学思想方法的严谨性，养成科学的学习习惯显得非常重要。

一、幽默的语言会让严谨的数学变得有趣

有人曾做过这样的调查，面向不同学段的学生，请他们选择最喜欢哪种类型的老师，有四个选项：漂亮、幽默、博学、严格。结果显示，学生选择最多的是幽默，且学段越高比例越大。因为幽默的语言可以使知识变得浅显易懂；幽默的语言可以使人精神放松，使课堂气氛和谐；幽默感强的老师可以使学生感到和蔼可亲。当用幽默营造出一种强烈的气氛时，学生不但乐于听课，而且

会与教师发生"共振"效应，教师的水平也能超常发挥，取得极好的效果。如我在教学《比例尺》这一内容时，是这样引入的。

师：（故作神秘）今天，老师把我们学校装在衣服口袋里了。

生：（惊奇怀疑）啊！怎么装呀？

师：（幽默地）：把学校变小呀！

生：真能把学校变小？

师：能！想想看通过什么能把学校变小？

生：为什么？

师：（变戏法模样从口袋掏出一张学校的平面图）怎么样！

生：哦！（继而大笑）

这样，就让学生对比例尺有了很感性的认识，同时，也让学生明白画平面图时要严格按照比例画，否则就会改变物体原有的面貌。在幽默的同时渗透了很多理性的思考。

二、切题的故事会让严谨的数学变得易懂

相信数学教师都有体会，概念教学相对来说是比较枯燥、学生较难掌握的。但我听过一节非常精彩的概念教学课，把一个小故事的作用发挥得淋漓尽致。这节课讲的是《循环小数》。上课伊始，教师让学生听一段简短诙谐的配乐故事："从前有座山，山上有座庙，庙里有个老和尚，他对小和尚说，从前有座山，山上有座庙，庙里有个老和尚，他对小和尚说，从前……"听着听着学生不由自主地笑了。老师笑着问："谁愿意接着往下讲？"在学生接着往下讲的过程中有人指出："这个故事永远讲不完，不要浪费时间了。""这个故事为什么永远讲不完？""因为这个故事总是不断地重复说这几句话。""说得很好。在数学王国里，就有一种小数，这种小数，小数部分的数字也会像这个故事里的几句话一样，不断地重复出现。同学们想认识它吗？"这样的"开场白"，使学生一下子进入最佳的学习状态，不但激发了学生的兴趣，而且还让学生在愉悦和谐的氛围中初步感知了"无限""不断""重复"等概念中重点词的含义，为概念的形成埋下伏笔。一个切题的故事很多时候在数学教学中真的会成就精彩的课堂。

三、轻松的游戏会让严谨的数学变得好玩

游戏能使课堂多些乐趣，气氛活跃起来，让学生带着愉快的心情投入到学习中来。把单调、重复、类同的数学知识游戏化是使学生积极投入学习的好方法。心理学研究表明：小学生学习动机浅近、单一，学习凭兴趣；理解力差，模仿力强，注意力集中时间短，易分散；思维具体形象，无意注意占优势。这就要求我们的数学课教学不能一味地灌输知识，而应是通过不断地改进教学方法，组织学生开展丰富有趣的游戏活动，寓知识于游戏中，让学生在听听说说、看看读读、蹦蹦跳跳、唱唱玩玩中兴趣盎然地学习数学；让学生在愉快、和谐的气氛中主动获取知识，陶冶情操，发展智力，培养能力。

四、恰当的竞赛会让严谨的数学充满挑战

每个人都有表现自己的欲望，在数学课堂上引入竞争，能激发学生的积极性，提高课堂活力。在课堂上可以把学生分成两个或多个小组，无论是预习还是板演都可以让他们来比比、赛赛。练习时速算比赛、指得数比赛和抢答题比赛等生动有趣的数学比赛能让学生跃跃欲试，情绪高涨，大大提高了练习的效果。

五、开放的问题会让严谨的数学无限拓展

创设开放的问题情境为学生的探索提供大量可以选择的信息，学生可以根据自己的理解、自己的爱好选择不同的信息，从而形成个性化的解决问题的方法。如教学《圆柱的侧面积》时，教师出示一个圆柱形纸筒，提问："把这个圆柱的侧面展开后会是什么图形？"问题一出，学生就积极投入到知识的探索活动中，想出了各种答案：有的说是一个长方形，有的说是一个正方形，有的说是平行四边形，还有的说是不规则图形……这样并不是照本宣科直接告诉学生"把圆柱的侧面沿着高剪开，展开后是一个长方形"。这种开放性问题充分调动了学生学习的积极性和主动性，训练了学生的预测能力和数学应用意识，同时还培养了学生的探索精神，从而推动数学课堂走向丰富、鲜活与深刻，继而吸引住学生，唤起学生的求知欲望，燃起学生智慧的火花，使他们积极思考、勇于探索、主动地投入到对新知识的探究中，从而得到发展。也就是说，

融适度贴近生活的、有趣味的、探究的、开放的问题的数学课堂将会散发出独特的魅力，牢牢地吸引学生，在充满情趣的氛围中爆发出鲜活的生机。

数学是严谨的，但学数学的过程可以是有趣的、轻松的、愉快的、具有挑战的，是吸引学生愉快学习的。我们要在教学中不断地更新教学方法，力求让学生在乐中学，在玩中学，在喜悦中探索，在生活中求知，使学生在有趣的数学学习过程中体会严谨的数学思维方式。

运用微课，优化教学

——论微课在小学数学教学中的实践运用

韶关市翁源县龙仙第二小学　陈丽英

　　笔者结合自身的教学实践体会，就微课在小学数学教学中的运用优势进行了整理与归纳。

　　随着现代教育技术的快速发展与普及，微课逐渐成为年轻的基层教育工作者积极运用的新型教学手段。教育实践表明，微课在小学数学学科中的合理、科学运用对于提升数学实际效果，进而落实高效课堂这一教学目标有着积极的促进意义。

一、利用微课，优化学生的课前预习效果

　　课前预习活动是学生学习活动中的重要环节，其主要目的在于帮助学生形成对教材的初步认知与大致了解，基本扫清难度较小的学习障碍，从而为接下来在课堂学习活动中，更有针对性地聆听那些自己难以理解或者存在困惑的知识重点以及难点做好充分的准备工作。

　　而微课的科学利用有利于上述小学生课前预习活动目标的更好达成与实现。如在学习三年级上册"千克、克、吨"这一知识点时，笔者就为学生提供了如下的微课课前预习视频资料：

　　1克有多重？两粒花生米重1克、一袋方便面调料包重10克、一袋发酵酵母重15克……"克"（g）通常用来表示重量非常轻的物品。

　　1千克有多重？1个菠萝重1千克，4个苹果共计重1千克，8个香蕉共计重1千克……"千克"（kg）通常用来表示有一定重量的物品（1千克与1克之间有什

么关系？1千克=1000克）。

1吨有多重？包装为10千克的大米集合100袋才能达到1吨的质量。一个小男孩体重为20千克，50个同等体重的男孩加在一起才能达到1吨的质量……"吨"（t）通常用来表示重量非常大的物品（1吨与1千克之间有什么关系？1吨=1000千克。1吨与1克之间又有什么关系？1吨=1000000克）。

这样一来，借助微课视频资料，学生们凭借自主预习活动对"千克、克与吨"这一内容有了充分的把握，大大保障了课前预习的效果与质量，从而为笔者在课堂教学活动中有重点地开展教学奠定了良好的基础，有利于在较短的课堂时间内帮助学生轻松突破用克、千克与吨表示具体物品的重量以及灵活换算"克、千克与吨"这两大教学重点与难点，真正将高效数学课堂的目标落到了实处。

二、利用微课，发展学生的自主学习能力

现代素质教育理论认为数学的教育目的并不仅仅在于使学生掌握基础的数学知识，更重要的是教给学生一定的数学学习方式，促使他们在日后的学习、生活中发展、形成扎实的自主学习能力。现代素质教育的这一要求同时是小学数学高效课堂的必然要求。

纵观教育实践，笔者发现微课的利用对于小学生自主学习能力的锻炼与发展起着积极的促进作用。如在学习"轴对称图形"这一内容时，笔者就为学生提供了如下的微课视频信息：手工裁剪出一张精美的蝴蝶剪纸，将其沿着蝴蝶躯干部分进行折叠，发现蝴蝶剪纸两边的翅膀可以完全重合；捡起地上的一片叶子，将其沿着叶子的中间脉络竖着进行折叠，叶子的两边可以完全重合；裁剪出一个规范的正方形，沿着其对角线进行折叠，两个三角形会完全重合，沿着其中线进行折叠，得到的两个长方形也会完全重合……最后，微课暂停，显示如下的问题：任意一种平面图形或物体都是轴对称图形吗？为什么？

学生以小组为单位，积极且主动地投入到了微课所提的问题的讨论之中，并形成了如下观点："并不是所有的平面图形或者物品都是轴对称图形，因为沿着某一方向对其进行折叠后，折叠后形成的两边并不完全重合，这与轴对称图形的定义不符……"在学生小组得到这一结论之后，笔者又将上述微课视频中尚未播放的片段充分展示在学生面前，对其观点进行印证：有的平面图形或

者物体属于轴对称图形，可以沿着某一条直线对其进行折叠，折叠后的两部分实现了完全重合；但有些平面图形或者物体则不属于轴对称图形，就像学生小组讨论的那样，这部分平面图形或者物品即使沿着某一方向对其进行折叠，折叠后形成的两边也不完全重合。如此一来，借助两次微课视频资料播放给予学生自主猜想、自主探究的充足的学习空间，在轻松达成课堂教学任务的同时也将借助微课资源发展学生自主学习能力的目标落到了实处，课堂教学反响异常良好，极有力地推动了小学数学高效课堂教学目标的实现。

三、利用微课，优化学生的课后复习学习效果

传统教学模式下，在结束了一节课的学习之后，学生或是依靠大量的练习题目进行课后复习，或是依靠重新阅读教材进行课后复习。长此以往，早已熟悉上述两种复习模式的小学生便很容易对课后复习任务产生一定的抵触甚至是敷衍心理，具体表现为当老师布置"课下时间大家要好好复习"这一任务时，他们大多视若无睹。如此一来，学生的课后复习学习效果不甚乐观。

微课先进资源的利用可以有效打破上述小学数学课后复习任务所处的尴尬处境。如大多数微课视频的时间长度为5分钟左右，学生利用家庭中的电脑对其进行轻松下载，即使没有电脑，学生也可以利用父母的智能手机进行下载，因为5分钟左右的视频长度并不会消耗太多的网络流量。这样一来，用在课堂上，阐述学习重点与难点的相关数学资料或者信息就以最生动、直观、立体的方式充分呈现在学生面前，不但大大调动了学生利用微课及时进行课后复习的兴趣与积极性，而且使他们能利用微课资源对各自上课时尚未真正理解的部分知识点进行重新学习与理解，而这正是课后复习的真正目的所在。这样很好地起到了借助微课资源优化学生课后复习效果的良好作用。

总而言之，小学数学教师必须结合实际情况对微课这一先进教育教学资源进行合理的运用。这既是创新学生学习模式、提升其实际学习效果的重要手段，又是构建起真正意义上高效数学课堂的有效措施，有着较强的实践运用价值。

参考文献

郑汛.抓住微浪潮，上好小学数学微课［J］.海峡科学，2015（7）.

走进生活，亲近数学

——北师大版三年级数学《里程表》教学实践探索

韶关市翁源县龙仙第二小学　邓旭明

初次接手三年级数学课，面对一个个可爱的学生，看着一张张稚气十足的脸，我心里也非常开心。三年级数学课，我们教材的版本为北师大版，在学到《里程表》这一个内容时，很多教师都反映该学时一直是难点之一，学生比较难理解，出现的错误多，甚至弄不清楚其中的数量关系。于是，在询问了几位教师原因及教法之后，我调整了自己的教学思路。

上课前，我先做了个小调查，问学生："你知道什么是里程表吗？"然后让学生举手，我进行统计。结果全班57名学生，31名学生明确表示没有听过，17名学生表示听过，也知道家里的摩托车上或小汽车上有这个读数的地方，但具体是什么作用，如何记录，如何看，还是不太明白。其中9名学生表示父母曾经和自己详细说过，知道这个表上有个数字，用来记录自己的车行驶的路程数。情况见表1。

表1

总人数	从没有听过里程表	听父母说过，但不明白具体作用	不但听过，且知道里程表基本用途
57人	31人	17人	9人

（注：我校虽然是县城小学，但在城乡接合部，80%以上的学生来自农村）

看到统计出来的数据，我明白了，这些学生刚刚跨入三年级，年龄在8周岁左右的学生占绝大部分。他们之所以难以理解，主要还是因为里程表离他们的生活有一定距离，他们没有实际去接触过，或者亲自去体会过。他们甚至不明白这个里程表究竟有何用。所以如果单纯地进行讲解、教学，或者进行计算，一是学生兴趣不高，容易偏移课程核心，上成一节纯粹的三位数的减法计算课，这样的学习效果肯定不好；二是抽象，离小学生的生活实际远，学生容易失去学习动力。所以学生出现较多的错误就不难理解了。

于是，我从学生比较常见的事物谈起，问大家：那你知道电表吗？知道的请举手。于是情况相反，见表2。

表2

总人数	见过电表，知道有数字	懂得电表计量方法
57人	57人	0人

全班57名学生齐刷刷地举手，说明电表是他们比较常见的，家里楼梯口或者屋门前就有，生活中父母估计也常谈起用电量这方面的问题。进一步问，学生也基本明白电表的作用，知道上面有个数字用来记录用电量的多少，是用来计算电费的。但具体怎么看用了多少千瓦时的电，上面的数字或者电费究竟是怎么算出来的，学生又表示不知道：电费是爸爸妈妈负责交的，自己并不知道怎么去计量。于是我心里有了底，决定从学生比较常见的电表开始教起。

我先给学生讲解电表的基本构造：电表的中间有用来标数字的框，一共有5个，刚装的新表是上面5个0，使用后电表会转动，数字就会滚动起来。

如 | 0 | 0 | 0 | 0 | 0 | 表示你家还没有开始使用电器，所以电量计数为0。后

来到了月底了，你家使用了电器，这时候电表启动了，数字下面的圈开始转动了，于是数字开始滚动，然后读数出现了，大家请看。

师： | 0 | 0 | 1 | 0 | 0 | 到了1月底，你家的电表显示是这样，你知道你

家用了多少千瓦时的电量吗？

生：100千瓦时。

师：我假设每千瓦时的电量需要1元钱，你知道你家需要交多少电费吗？（为了让学生便于口算，我尽量采用整百的数字，主要为了明白道理，并非为了锻炼计算能力。）

生：（齐齐回答，声音响亮）100元。

师：第二个月，你家继续使用电器，电表继续滚动，于是你家电表上的数字变成了 ⓪ ⓪ ② ⓪ ⓪ ，这时候你家用了多少电量啊？

生：（整齐回答）200千瓦时。

师：同样的电价，知道你家应该交多少钱电费吗？

生：（回答很自信）200元。

师：随着时间的推移，3月份到来了，你家的电表继续发生变化，电表上的读数变成了 ⓪ ⓪ ③ ⓪ ⓪ ，这时候你家的电量是多少呢？

生：300千瓦时。

师：同样的电价你家应该交多少元？

生：（直接回答）300元。

师：当然，我们还要继续，4月份来了，你家的电表继续发生变化，电表上的读数变成了 ⓪ ⓪ ④ ⓪ ⓪ ，这时候你家的电量是多少呢？

生：（学生的回答还是十分干脆）400千瓦时。

师：同样的电价你家又应该交多少元呢？

生：（学生齐声）400元。

师：当然我们还得继续用电，转眼到10月份，你家电量表变成这样的了 ⓪ ① ⓪ ⓪ ⓪ ，这时候，你家用了多少电量？

生：1000千瓦时。

师：（话音一转，语调一变，声音放缓而充满悬念）同学们，这时候你家该交多少钱电费呢？

这时候学生开始有点不自信，也有部分学生有点惊讶地说："1000元啊。"并有学生开始窃窃私语："怎么会突然那么多啊？好像也没有多用电啊？"也有质疑："按这样交下去，电费会不会变成很多啊？"甚至有学生问："以后会不会上万元啊，可能爸妈赚的钱都交不起电费了，那我们怎么生活啊？"

师：对啊，这样下去，电表在不停地转动，电表上的数字会越来越大，总有一天电费会很高，但我们家里每个月的用电量也是基本相同的，差别也不是非常大，怎么电费却月月递增呢？你觉得这样公平吗？

生：肯定不公平，可能我们的计算出了问题吧？要是这样继续下去，爸爸妈妈赚到的钱怕不够交电费了。

师：那问题究竟出在哪儿呢？请同学们自己讨论一下，看看哪个小组能够找出问题究竟出在哪里。（让学生进行小组讨论，说一说自己的意见，看看能不能找到原因。）

生：（有小组举手了，发现第二个月的200千瓦时，其中有100千瓦时是1月份已经交了电费的）我们进行了重复交费。以后每个月的电费也会出现这样的情况。

师：对啊！真是聪明的小脑袋！发现了问题了！那该怎么来计算本月的电量呢？这个问题我们还要继续研究。

学生：纷纷发表意见，最后总结出：电表上的数字指的并不是本月的用电量，而是累计的用电量，要求出本月的用电量，必须通过计算得出，即用下一个月的电表读数减去上一个月的电表读数，才是本月的用电量，以后每个月都应该这样计算。

师：同学们，明白了电表上电量的计算方法了吗？其实，里程表的作用和我们家的电表上的电量的计算原理是一样的，只不过电表记录的是你家用电量的多少，而里程表记录的是行驶的路程而已，你明白了吗？

生：懂了（学生松了一口气）。

师：终于不用担心交那么多电费了吧。（学生展现出会心的微笑）

讲授完电表读数之后，我重新回到《里程表》的教学上，与学生进行讨论，汽车和摩托车的上面有个表，它上面数字的计算方法和我们家里的电表上电量的计算方法是一样的，不同的是里程表记录的不是电量，而是汽车和摩托车行驶的路程。比如计算今天走了多少千米，应该用今天显示的里程数减去之前的里程数字，得出的才是今天的里程数。待学生明白了之后，开始讲解书本内容：

例题：淘气叔叔是出租车司机，星期一出车时，里程表的读数是35千米，淘气记录了叔叔星期一至星期五每天到家时的里程表读数，见表3，请同学们计算出淘气叔叔每天的行驶里程。（单位：千米）

表3

星期一	星期二	星期三	星期四	星期五
160	350	555	745	955

在学生读懂题意之后，我首先反问学生：星期一淘气叔叔的里程表上显示了160千米，他星期一是行驶了160千米吗？这个时候，之前的电表读数的讲解便起了铺垫的作用，很多学生结合题意纷纷表示反对，认为应该像电表那样，减去之前的读数，因为160千米包含了之前走的35千米，这个35千米不能包含在星期一行驶的里程里面。这说明学生对里程表有了一定的理解，我对学生的分析做了充分的肯定。在学生对里程表的读数有了初步理解的基础上，我接着讲解三位数加减法法则。我要求学生试着在小组内开始笔算淘气叔叔每天行驶的里程数，然后统计出计算情况，结果见表4。

表4

总人数	计算方法对	理解方法，计算完全正确	方法正确，但出现计算错误	仍不懂方法
57人	52人	45人	7人	5人

通过事先的铺垫，学生明白了计算的方法，最主要的是让他们明白其中蕴含的数学道理，学会用数学的眼光来看待生活中的各种现象；知道并不是仅表上的读数就是今天所行驶的里程数，而是应该减去原有的读数，得到的才是今天所行驶的里程数，包括我们家里很常见的电表的计量的方法也是一样的。学生懂得了这个道理后，我再结合三位数减法法则进行教学，那么学生既懂得了道理，也学会了计算的方法与技巧，亲身体验了数学与生活的联系。他们觉得原来数学就在自己身边，家里的电表、汽车上也有这个知识，这样学生学起来兴趣比较高、主动性比较强。我想，这才是我们数学的真谛所在吧！诚然，我们的教学方法再完美，再努力，由于学习个体的差异性，我们也不能强求每一位学生都懂得每一种题目的逻辑思想，或者单纯认为全体学生都能做对才是成功的教法，这样的看法肯定是片面的，但只要我们愿意多研究、多实践，多从学习者的角度设计教学——以生为本，必会取得很好的课堂教学效果。

用心浇灌，静待花开

——与学生的一段对话引发的思考和做法

韶关市翁源县实验小学　郭学环

今天批改作业时，发现一名学生的除法竖式列成乘法竖式的格式，我心想："到底是哪名学生到了六年级还不会除法竖式的格式。"结果发现，原来是一名从农村小学转学来的孩子，于是便把他请到办公室。

我：你叫什么名字？

他：熊某某。

我：哪个熊？

他：狗熊的熊。

我：今年几岁了？

他：14岁。

我：什么叫作直径？

他：半径。

我：直径的概念哦，开学第一天讲的。

他：（想了很久）不知道。

我：（心想可能懒没去背）1.2乘3等于几？

他：（又想了很久）……

我：会不会算？

他：不会。

我：那1.4加1.6呢？

他：也不会。

我：你有没有读过一年级。

他：读了。

我：3加5等于几?

他：（想了很久）15。

我：加，不是乘哦。

他：（又想了很久）8。

我：终于对了，8加3呢?

他：（又想了很久）10?

我：你确定?

他：确定。

我：（不由自主地摇摇头，手一挥）回去吧（忙了一天很累了，看他这情况不想再难为他了）。

六年级的学生，12岁了，超过10的加法就不会算了，真的很让人心酸。并且自从我2007年教六年级至今，12年来我发现这样的学习特困生越来越多，从原来的每班一两个到现在的每班六七个，呈现上升的趋势。我不知道到底是什么原因造成的，是家庭、学校还是社会哪个环节出了问题，让这样一个看着正常的学生什么也不会。这些孩子岂止是输在了起跑线上，他们已经失去了社会的竞争能力，很让人痛心呀！六年级了，读了5年小学，10个学期，孩子你都干什么去了呀！而我所说的情况还是在县城，基层就更严重了。

造成这样境况的原因我无力改变，作为一名数学教师，我能做的只有尽自己最大的努力，让这样的学习特困生多学一点数学知识，希望他们也能拥有姹紫嫣红的春天。我的做法是：

首先进行摸底，对这些知识基础不同、对知识理解的心理反应各异、综合心理素质参差不齐的学困生，在日常教学中要进行分层教学。

一、学生分层

要对学生进行分层教学，教师首先必须对每个学生的学习现状了然于胸，这样才能在教学中有的放矢。由于我们的教育对象是人，而不是像工厂中制造的产品一样千篇一律，根据班级学生的成绩、自主学习能力、智力情况等因素，结合教材可将学生按一定的比例进行分层。可分为A、B、C三个层次的组：A组（跃进层），基础扎实，接受能力强，学习方法正确，成绩优秀；B组（发展层），基础和智力一般，学习比较自觉，有一定的上进心，成绩中等左右；C组（提高层），基础、智力较差，接受能力不强，学习积极性不高，学习上有困难。各层次学生合理搭配，建立学习小组（每个学习小组由3～4名学生构成，并任命一名学生担任小组长）。中途根据学生的情况或请求可以随意调整一次。为保护学生的自尊心，在分组的过程中一定要避免使用差生这样的词语。教师要花更多的时间和精力关心和照顾C组的学生。

二、备课分层

根据教材和课程标准的要求，以及各层次学生的水平，对各层次的学生制订不同的教学目标；根据不同层次的教学目标，设计好教学内容、技能训练并注意层次和梯度。比如，教学《圆的面积》，在备课时针对不同层次的学生制订不同的教学目标。针对A层学生的教学目标是：①探索圆的面积计算方法，理解"化曲为直"；②理解圆面积计算公式的推导过程，掌握圆面积的计算公式；③会用圆面积的计算公式正确计算圆的面积。针对B层学生的教学目标是：①理解圆面积计算公式的推导过程，掌握圆面积的计算公式；②会用圆面积的计算公式正确计算圆的面积。针对C层学生的教学目标是：会用圆面积的计算公式，正确计算圆的面积。

三、授课分层

分层教学中极为重要的一个环节便是对学生实行分层授课。在实际的操作过程中，有点像复式教学。限于客观条件，不可能在同一堂课里将不同组的学生放在不同的课室上课。在课堂教学中，一方面强化目标意识，另一方面课堂既有面向全体学生的环节，主攻基本目标，又有兼顾成绩优秀的学生、后进生的环节，分解层次目标。即使是在共性指导阶段也要把握课堂提问的层次，让各类学生都学有所得。通常在讲授知识时提问中等生，利用他们在认识上的不完善，把问题展开，进行知识的研究。

四、作业分层

为了在教学中做到"上不封顶，下要保底"，学生作业要分层。作业的数

量和难度设置应该考虑学生的心理承受能力和实际知识水平，科学的作业量=承受力×（1+10%）。在学生对知识学习缺乏兴趣的情况下，最大的作业量不应该超出学生承受力的10%，难度应该设定在不抄袭的前提下能够解答得出，才有可能培养学生继续学习的兴趣和信心。所以，应该减少学困生的作业量，减少到能够完成。优秀学生的作业量反而应该适当增加，增加到能够体验到挑战成功的愉快感。这样循序渐进地训练他们，使他们不断得到进步。

五、辅导分层

个别化辅导是课堂教学的延伸和补充，我们加强个别化辅导就是为了普遍提高学困生的全面素质，减轻教师和学生的学习负担。

首先，制订辅导计划。个别辅导一般采用三定，即定时、定人、定内容。定时，每天集中答疑，处理学生的共性问题。定人，根据学生的个性差异、学习能力，安排有针对性的辅导。对成绩较好的学生答疑和点拨，以增强针对性和有效性。后进生学习的依赖性较大，当学生遇到困难时，给予帮助，降低问题的难度，梯度小一点，速度慢一点。当学生做正确后及时给予充分的肯定和鼓励，让其有成功的喜悦之感，给予其自信。定内容，主要督促检查、订正最近的练习卷、作业以及学习中的疑难和困惑。对于后进生的作业一般采取"面批"的方式，这有利于学生及时发现问题，巩固所学的知识；对于中等生可以采取"互批、面批"的方式；对于成绩优秀学生，因为他们自主性比较强，有的作业可采用"免批、抽查批或者集体批"的方式来处理。

其次，多做学生思想工作，动之以情、晓之以理，激发他们学习的兴趣和热情。平常多关心他们，注意发掘他们身上的闪光点，及时表扬，帮助他们树立自信心。多表扬，少批评，使他们的每一点成绩都能得到老师和同学的充分肯定。

再次，教给学生科学的学习方法，培养他们掌握科学的学习方法，提高他们对知识的理解能力，协调发展他们的观察力、记忆力、理解力、想象力。教学中，要避免他们进行过多的、盲目的思考，消除因多次无效的思考所造成的倦怠情绪，注重启发、引导他们抓住新旧知识的关联点，由浅入深、由表及里地讲解，使学生充分利用已有的知识去思考，去判断推理，逐步掌握和运用类比、归纳、总结等基本方法，独立开展学习。

最后遇到学习特困生不要着急，更不能放弃，每个学生都是不同的个体，性格、习惯、智力各异，需要我们用十分的耐心，心平气和地默默耕耘，用心关注这些学生的成长，静待花开。

先破后立，非常规法求圆的面积

韶关市南雄永康路小学　何启兵

《义务教育小学数学新课程标准》以全新的观点将小学数学内容归纳为"数与代数""图形与几何""统计与概率""综合与实践"4个学习领域，特别突出地强调了10个学习内容的核心概念，分别是数感、符号意识、空间观念、几何直观、数据分析观念、运算能力、推理能力、模型思想以及应用意识和创新意识。

应用意识是综合运用已有的知识和经验，经过自主探索和合作交流，解决与生活经验密切联系的、具有一定挑战性和综合性的问题。应用意识主要表现为：认识到现实生活中蕴含着大量的数学信息，数学在现实世界中有着广泛的应用；面对实际问题时，能主动尝试着从数学的角度运用所学知识和方法寻求解决问题的策略。

在学习了圆的面积的计算后，学生都已把圆的面积的计算公式$S=\pi r^2$牢记在心了，在学生的潜意识里，都认为要求出圆的面积，则必须知道圆的半径。可是在一些实际应用中，则不一定会知道圆的半径，也要求出圆的面积，面对这种情况，就要引导学生打破思维常规，突破原来思维的局限，寻找巧妙的解题思路，也能用一些非常规的方法轻而易举地算出圆的面积。请看下面一些求圆面积的小妙招。

一、利用特殊值求圆的面积

如图1所示，正方形面积是10平方厘米，求出圆的面积。

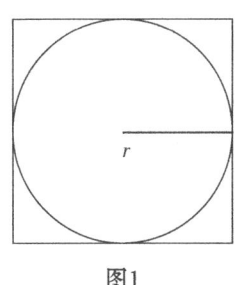

图1

当我把这样的一道题出示给学生后，学生有些不知所措了。他们纷纷发出疑问：圆的半径都不知道，怎么能求出圆的面积？这时，我就告诉学生：那就不用半径来算圆的面积。学生听了我的话顿时感到不可思议：不用半径也能求出圆的面积？到底是怎么算出来的呢？面对学生强烈的好奇心，我就开始引导学生去寻找正方形面积与内接圆的面积存在的关系。

把圆的半径看作r，则正方形的边长是$2r$，就可得出：

圆的面积$= \pi r^2$，正方形的面积$= 2r \times 2r = 4r^2$，正方形面积$\div$圆面积$= \frac{4}{\pi}$，也就是说圆的面积就是正方形面积的$\frac{\pi}{4}$（78.5%），圆面积$=$正方形面积$\times \frac{\pi}{4}$。

通过这个特殊的数值$\frac{\pi}{4}$（78.5%），很自然就可以算出该题圆的面积是$10 \times \frac{\pi}{4} \approx 7.85$（平方厘米）了。

当然，不是所有的正方形与圆都存在这个数值，比如下面的这题，又是另一种情况了。如图2所示，正方形面积是10平方厘米，求出圆的面积。

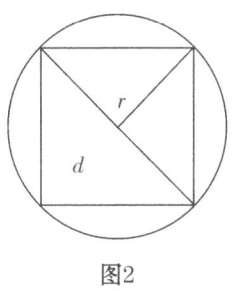

图2

同样设圆的半径为r，圆的面积是$S=\pi r^2$，要求正方形的面积，则需用辅助线把正方形沿一组对角线分成两个相等的三角形，三角形的底是直径，高就是半径，通过三角形面积再求出正方形面积。三角形面积=$2r \times r \div 2 = r^2$，则正方形的面积=$r^2 \times 2 = 2r^2$，同样可得出：

$$圆的面积 \div 正方形的面积 = \frac{\pi r^2}{2r^2} = \frac{\pi}{2}$$

$$圆的面积 = 正方形面积 \times \frac{\pi}{2}$$

也就是说圆的面积是该正方形面积的$\frac{\pi}{2}$，利用这个特殊数值$\frac{\pi}{2}$，就可以求出该题圆的面积就是$10 \times \frac{\pi}{2} \approx 15.7$（平方厘米）。

从以上两题可以看出，无论是正方形里有一个最大圆，还是圆里有一个最大的正方形，两者的面积都存在一个特殊的且不变的数值，利用这个特殊的数值就能很快地求出圆的面积。

二、用r^2代替r计算圆的面积

在圆的半径不知道的情况下，要求出圆的面积，有些题目可以用上面介绍的特殊数值来算出圆的面积，但这种特殊数值不是每道题都存在，有些题目我们还可以通过找出r^2的值，用r^2代替r同样可以算出圆的面积。

如下面的这些例题，就需要通过寻找r^2的值来计算圆的面积。

（1）如图3所示，三角形的面积是10平方厘米，求出圆的面积。

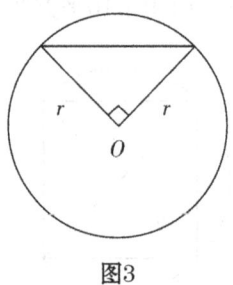

图3

假设圆的半径是r，直角三角形的两直角边都是r，则三角形的面积就是$r \times r \div 2 = r^2 \div 2 = 10$，由此可得出：

$r^2=20$，圆的面积就可以用r^2代替r来算，圆的面积=$\pi r^2 = \pi \times 20 \approx 62.8$（平方厘米）。

（2）如图4所示，长方形的面积是10平方厘米，求出圆的面积。

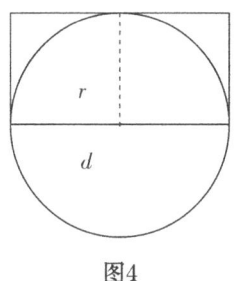

图4

还是假设圆的半径是r，则长方形的长是$2r$，宽是r，长方形的面积=$2r \times r = 2r^2 = 10$，同样由此可得出：

$r^2=5$，圆的面积=$\pi r^2 = \pi \times 5 \approx 15.7$（平方厘米）。

（3）图5所示，正方形的面积是30平方厘米，求出圆的面积。

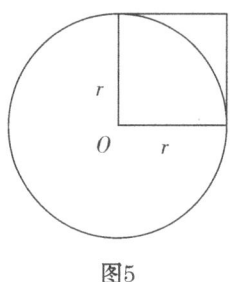

图5

同样假设圆的半径是r，则正方形的面积=$r \times r = 30$，由此可得出：

$r^2=30$，圆的面积=$\pi r^2 = \pi \times 30 = 94.2$（平方厘米）。

通过以上的例题，我们可以发现，只要我们打破常规，不要把思维局限在如何去找半径上，把思路转向找出r^2的值，同样可以求出圆的面积。

正如古人所说，"山重水复疑无路，柳暗花明又一村"，在遇到问题时，只要我们打破思维常规，突破思维的局限，合理地转换思考角度，就能创造性地解决问题。这样的思考问题的方式，能让学生养成良好的思维方式和思维品质。

提高小学生数学语言表达能力的三部曲

韶关市翁源县龙仙第二小学　李高美

数学语言能力的强弱可以看作衡量学生数学素养的重要标志之一，因为学生能准确使用数学语言，就等于掌握了数学思维、数学表达和交流的工具，所以数学教学实质上也就是数学语言的教学。如今很多学生在数学课上不愿表达，不会表达，作为数学教师，要努力提高学生的数学语言表达能力。为此，我认为必须遵循小学生的年龄特点及其思维发展的特点，让学生经历培、读、说的过程，将会收到良好的教学效益，具体做法如下。

一、培——培养兴趣，激发学生说的欲望

兴趣是最好的老师，也是学生学习过程中的一个重要的心理因素，在学习过程中起着巨大的作用。德国教育家第斯多惠说过："教学的艺术不在于传授本领，而在于激励、唤醒、鼓舞。"这鲜明地阐述了教师必须激发和培养学生的兴趣。因此，激发学生说的欲望，必须培养他们说的兴趣。

1. 巧妙导入，引发兴趣

俗话说，良好的开端等于成功的一半，数学也一样。在教学过程中可以根据教材内容，用设疑来激发学生的求知欲，引发学生表达的欲望。如学习五年级上册的《旅游费用》时，我先引入这样的情境：老师说明将要带领学生去县里的东华寺游玩一天，并引导学生思考怎样租车最省钱。一石激起千层浪，学生的思维立刻活跃起来，小组交流讨论后纷纷说出了自己的租车方案。学生的学习充满现实意义，更贴近了知识与自我的距离，有效启迪了学生的思维，提高了学生数学语言表达的能力、解决生活问题的能力。

通过这样的情境导入，可以有效激起学生表达的欲望，还可以给学生的探究学习创造空间。

2. 游戏导入，提高说的兴趣

游戏是学生非常喜爱的活动之一，因此在教学活动中教师不妨让学生做做游戏或参与表演，创设情境，让学生在玩中说，在说中玩，推动他们思维的发展，使他们感受说的乐趣，从而培养说的能力。如教学四年级下册"用字母表示数"时，我让学生在模仿唱"一只青蛙一张嘴，二只眼睛四条腿……"再让学生用字母表示出这一规律。这样既锻炼了学生的表达能力，又丰富了学生的数学语言。

3. 实物导入，享受说的乐趣

实物教学具体直观，学生喜闻乐见，容易接受。在教学时，巧妙地设置导入，采用实物操作，也是激发学生说的欲望的有效方法。如教学六年级下册"圆锥的体积"时，我先出示一个圆柱和一个与它等底等高的圆锥模具，并提供一桶水，让学生猜猜圆柱的体积比圆锥的体积要大多少？学生争先恐后地回答，进而再操作验证，用圆锥模具量水，看看要量几次才能把圆柱模具装满。通过实验让学生用自己的语言来描述刚才的实验，并尝试推出圆锥的体积计算公式。

这样，通过实物操作，不仅加深了学生对公式的来源及公式的运用的理解，还培养发展了学生的逻辑思维能力，又有效地提高了学生数学语言表达的能力。

二、读——用正确的方法读算式和相关的信息

读——通过让学生正确读算式和读出应用题中的数量关系，提高学生数学语言的表达能力。

1. 正确读算式

很多学生读算式时总会把括号也用文字"括号"表述出来，其实这不是正确的数学语言的读法，如读（75+25）×80时，很多学生会读成"75加上25括号乘以80"。这种说法是没有掌握数学语言的读法，表达不清，也很容易让学生的解题思路混淆。因此，教师要及时指出，并示范"75加25的和再乘以80"，让学生从小就掌握正确的数学语言，提高学生的数学语言表达能力。

2. 读应用题

应用题是数学教学中的难点，如果让学生正确读懂应用题，理清题中的数量关系，那学会解答将不是一件难事。读题目，先弄清题目讲的是一件什么事，有哪些信息，问题是什么，并找出信息与问题之间的联系与区别。通过回答这一系列的问题，学生的表述也将变得严谨有序。

如教学五年级下册《分数乘法》时，"手工课上，同学们做的红花朵数是30朵，黄花比红花少 $\frac{1}{3}$，黄花有多少朵？"读题时，要求学生带着不同的问题去读。第一遍读题，要求学生了解题中讲了一件什么事，能获取什么信息。解决第一个问题后，第二遍再读题时，要求学生找出关键的字眼，如"比……少"，并理解这些文字在题中的含义，是谁比谁少多少。第三遍读题，则要求学生找出相应的数量关系式，并解答。如题中根据黄花的朵数等于红花的朵数减去它的 $\frac{1}{3}$，从而想出解题思路。

三、说——人人说，处处说

在小学数学教学中教师要调动学生"说"的积极性，营造"说"的浓厚氛围，让学生都说，多说。这里所说的"都"是指人数多，即全体学生都积极参与，不放弃任何一个学生。而"多"是指机会多，如归纳某个计算法则，可以个人说、分小组讨论说、同桌互说、集体说等。

1. 人人说

人人说，可以使每一个学生都有发言的机会，也有听他人说的机会；既有面对几个人发表自己见解的机会，又有面对全班同学说的机会。

针对学生在不同阶段的表现，我采取了相应的鼓励方式，为的是给学生创造发言的机会，允许每个人有不同的意见。在提问时尽量用协商、诱导的语气，如"请你来同大家分享你的成果吧""我们来一起解决吧"。同时当学生说错时，我会说："没关系，你再想想，一会儿你再告诉大家。"当学生见解独到时，我会及时鼓励："你真棒，是个爱动脑思考的孩子。"这样使课堂气氛显得民主、和谐，让学生心理上变得轻松，从而使他们愿意提出问题，愿意发表自己的见解，愿意去说自己的解题方法和过程，进一步培养学生的数学语言能力。

如说一道算式的解题过程时，可让学生先独立思考，再在小组内说出自己的想法，其他人倾听，然后讨论形成集体的意见，这样使不同层次的学生都有话要说，有话可说，使全体学生都得到说的发展。又如教学三年级上册"单位之间的互化"时，1时15分=（　　　）分，学生先独立思考，再在小组内分别说出自己的答案，集体最后推出解题的过程。因为1时=60分，60分加上15分等于75分。简单的一两句话，通过独立思考再交流，使学生掌握思路，举一反三，灵活运用，说的能力也逐渐提高。

2. 处处说

处处说，联系学生实际，采用多种学习形式，寻找多种途径、机会，引导学生多去说一说，发展学生的数学语言，提高学生使用数学语言表达的能力。

（1）学中说

教师在平时的教学中要时刻注意自己语言的规范性，做好引导示范，有目的地为学生提供准确的数学语言，让学生在感受数学语言的准确性和规范性的同时，也学会有条理地表达，从而使学生在潜移默化中形成数学语言。特别是在学习新课时，可以用巧妙的语言激起学生说的欲望。

如教学北师大版五年级上册《真分数和假分数》时，教师出示一个情境：幼儿园老师拿来9个苹果，要平均分给4个小朋友，该怎么分呢？谁来帮帮老师？学生听后积极参与解决问题。小组交流后，能用课前准备的小圆片现场进行分配。小组合作后，回答："我先给每个小朋友分2个苹果，剩下一个再平均分成4份，每人又得1份，就是 $\frac{1}{4}$ 个。"这时老师肯定后接着问："还有其他不同的分法吗？"有几个学生也把分的过程说得很清楚，教师适时地再加以指导和补充。这样就使学生在潜移默化中形成了数学语言，提高了使用数学语言表达的能力。

（2）归纳说

一节数学课即将结束，我们常常要归纳本课新授的数学知识的算理、定理、计算法则、应用题的解法、数量关系等。这个环节也是培养学生数学语言的好时机，在这个环节中，教师应放手让学生大胆说。

如在教学六年级下册《圆柱的体积计算》时，要总结其公式的推导过程及

推导出的公式，这时我们可以让学生回忆归纳自己的学习过程，并在小组中交流，然后举手发言。有时学生的回答不一定很完整，或表达不是很准确，教师可以适当地进行提示，让学生凭着自己的印象复述出来。之后大家再一起复述并朗读公式。这样的过程不仅有效培养了学生的数学语言，而且使学生对圆柱的体积公式理解得更为深刻。

多种形式的训练使每一个学生都有发言的机会，同时学生把思维说出来，会有一种愉悦的感觉，也是自我表现和实现自我价值的需要。

这就是培、读、说的一些做法。总之，在平时的课堂教学实践中，教师应当把培养学生使用数学语言和数学知识的学习紧密地结合起来，并处理好培、读、说的关系，做到更有效地锻炼小学生数学语言表达的能力，提高数学课堂教学效率。

让生活走进数学课堂

韶关市乐昌坪石镇坪梅小学　罗国红

"数学源于生活，启于生活，应用于生活。"《义务教育小学数学课程标准》指出："要重视从学生的生活实践经验中学习数学和理解数学……"可见，数学学习与生活息息相关。我们的学生需要在生活化的具体情境中体验，在生活化的能力训练中探索，在生活化的练习中拓展，在生活化应用教学中创新。数学课堂教学生活化是新课程改革的要求，也是现行小学数学北师大版教材的特色之一，这符合小学生的年龄特征和认知特点，符合现代家庭孩子脱离生活实际的现状。根据学生的实际和教学的需要，创造性地使用教材进行生活化的课堂教学，打破数学与生活的无形屏障，让学生真切地感受到数学就在自己的身边，领悟数学的魅力。现就小学数学课堂教学生活化的实施浅谈个人的拙见。

一、创设生活情境，体验生活化数学

在数学课堂导入教学中创设一定的生活情境，能激发学生的学习热情。在教学中挖掘出数学内容中的生活情境，让数学更贴近生活，且从中引出数学问题，并以此让学生感受到数学问题存在于现实生活中，引起一种学习的需要，从而使学生能积极主动地投入到学习、探索之中。如上《小数的初步认识》时，我创设了去商场购物的生活情境，选取学生生活中熟悉的一组物品及其价格直接导入，如练习本0.50元，一瓶矿泉水1.20元，一个文具盒18元，一个皮球25.50元……让学生找出哪些是小数，并观察今天所学的小数与以前认识的数有什么不同，通过引导使学生对小数的特征及意义有了初步的认识。接着从"元

角分"的生活常识入手，建立这些小数的实际价值，如0.50元其实就是5角也就是5/10元、1.20元就是1元2角等，让学生在熟悉的商品价格背景中借助直观的图示去体会分数与小数的内在联系点，从而为后续的利用分数来理解小数做充分的准备，实现了生活经验和数学经验的自然连接，学生学得生动，学得精彩。

二、借用生活素材，探究数学问题

以生活经验为基础，引导自主探究，培养创新能力。《小学数学课程标准》强调：数学学习不是学生被动地吸收知识，通过反复练习强化储存知识的过程，而是学生经历数学活动，用已有知识处理新的任务，并构建知识的意义的过程。因此，在教学过程中，我根据学生的年龄特点，尽量为学生提供贴近他们生活的素材，让学生自主参与课堂探究活动。例如，在教学《百分数的意义》时，出示"第一杯蜂蜜水含蜂蜜20%""第二杯蜂蜜水含蜂蜜50%""第三杯蜂蜜水含蜂蜜100%"，然后问学生："喝哪杯蜂蜜水比较甜？""为什么喝这种蜂蜜水比较甜？"这两个问题激发了全体学生的探索欲望，他们个个情绪高涨，积极思考、交流，最后发现了含糖率（百分数）这个数学问题。通过引导学生自主探究让学生概括出百分数的意义。这样，把社会生活中的题材引入数学的大课堂之中，引导学生从生活中发现、探索数学问题，真正掌握数学知识。

三、运用动手操作，发展学生思维

动手操作是学生获得知识，发展能力的重要依据。对于动作、形象思维占优势的小学生来说，最深刻的体验莫过于自己的亲手实践。在平时教学中要让学生把数学和动手操作有机地结合起来，注重学生动手能力的培养，促使学生思维能力不断提升、创新意识逐渐增强，使学生所学知识更扎实，应用知识更灵活。如在学习《欣赏与设计》时，我让学生用圆规设计一幅自己喜欢的图案，并涂上颜色，既激发了学生的学习积极性，又培养了学生的动手能力，还发展了学生的思维能力。

四、设计应用题结构开放化，培养学生的发散性思维

现实生活中的数学问题，更多时候是以一种散乱的数据形式呈现在学生面

前的，需要学生根据问题的要求对信息灵活地进行筛选、整理，从而促进问题的解决。教学时有意识地增强这方面训练，通过给学生提供一定的问题素材和解题要求，让学生来搜集处理信息，寻求答案。尽管在解决这类问题时学生无章可循，但他们解决问题的能力正是在这样一种选择判断和处理信息的过程中得到了切实的提高。例如，我在教学《分数除法应用题》时，设计了如下教学片段：

师：谁能告诉我，我们五（3）班男生有多少人，女生有多少人？

生：五（3）班男生有30人，女生有20人。

师：根据男女生人数的比较对照，你能用哪些分数来表示？

生：男生人数是女生的3/2。

生：女生人数是男生的2/3。

生：男生人数占全班的3/5。

生：女生人数占全班的2/5。

……

照这样的说法，你还能提出哪些有关于分数的应用题？

生：五（3）班男生有30人，女生人数是男生的2/3，女生有多少人？

生：五（3）班女生有20人，男生人数是女生的3/2，男生有多少人？

生：五（3）班女生有20人，女生人数是男生的2/3，男生有多少人？

生：五（3）班男生有30人，男生人数是女生的3/2，女生有多少人？

这时，课堂突然异常安静了一会儿，又热闹起来：

生：五（3）班男生有30人，女生人数是男生的2/3，全班有多少人？

生：五（3）班女生有20人，男生人数是女生的3/2，全班有多少人？

生：五（3）班男生有30人，男生人数占全班人数的3/5，全班有多少人？

生：五（3）班女生有20人，女生人数占全班人数的2/5，全班有多少人？

……

师：前两个问题会解答吗？试试看。

师：后面的一些问题你想试一试吗？谁能列式解答，并说说你是怎样想的？

接着是学生列式计算，叙述解题思路，教师引导学生进行比较分析……

布置作业：根据"某车间有女工20人，男工25人"这一信息，请你补充一个条件和一个问题，编写成分数除法应用题，要求3题以上。

本片段教学是从学生熟悉的生活题材入手,即"我们班男生、女生各有多少人?"把学生引入现实情境进行再创造的知识重组过程,既有利于学生凭借生活经验主动探索,实现生活经验数学化、抽象化,又利于让学生感受数学就在身边,就在生活中,使原来数据化了的、枯燥的应用题有了真正的"应用味"。

五、学用适时结合,拓展生活化数学

以生活活动为载体,领悟数学真谛,做到学以致用。在数学生活化的学习过程中,引导学生领悟数学"源于生活,应用于生活"的道理,把数学知识放在生活实际中让学生去感知,使学生学会利用生活实践解决数学问题,更好地服务生活,应用于生活。在教学中充分拓展、延伸知识,设置开放性、实践性的作业,让学生能及时将数学知识应用于日常生活,并在此过程中再次积累新经验进行反复验证,如帮助家庭算一算水电费、如何利用商场促销活动购物比较优惠、设计旅游费用的购票方案、怎样合理安排时间等。

六、深入了解学情,创设生活化教学评价

《义务教育小学数学课程标准》指出,评价的目的是为了全面了解学生的学习状况,激励学生的学习热情,促进学生的全面发展。因此,教学中要重视对学生学习过程的评价,充分发挥评价的激励和导向作用。应该着眼于学生的全面发展,让学生在评价中感受学习的快乐,发现自己的潜能,激励自己。在生活化教学过程中,既要评价学生对知识的理解和掌握情况,又要评价学生从生活中收集与处理信息的能力、思维特点、解题策略以及运用所学知识解决实际问题的能力,还要评价他们在数学活动中表现出来的兴趣、意志等非智力因素,以培养学生对生活的积极态度,使学生在学习评价中享受数学的乐趣。例如,在教学《百分数的认识》时,我设计了这样的评价机制:这节课老师对同学们的表现是100%的满意,那你们达到自己的预期目标了吗?请用百分数表示:愉快占( )%,紧张占( )%,遗憾占( )%。学生自由畅谈后,教师肯定,你们都是天才,最后老师送给你们一句话(学生齐读):天才=99%的汗水+1%的灵感。这样设计既有知识性总结,又有情感性评价,还发挥了对学生可持续发展的激励作用。

总之，生活中的数学是鲜活的，脱离了生活实际的教和学是无味的。学生在课堂上不只是听数学、看数学、练数学，更多的是做数学、玩数学。要让学生在生活中学数学，在应用中学数学，在数学思维活动中经历、体验和探索数学，从而获得广泛的数学价值和意义。让我们的数学贴近生活，让生活走进小学数学课堂教学，数学课堂将以崭新的面貌出现在学生面前，使学生感到我们生活的世界是一个充满数学知识的世界，从而让学生更加热爱生活、热爱数学！

参考文献

［1］叶尧城，向鹤梅.全日制义务教育数学课程标准教师读本［M］.武汉：华中师范大学出版社，2002：6.

［2］马云鹏，孔企平.新课程理念下的创新教学设计·小学数学［M］.长春：东北师范大学出版社，2003：1.

［3］刘敬发.教学创新探索与实践［M］.哈尔滨：黑龙江教育出版社，2001：8.

［4］叶立军.数学课程与教学论［M］.杭州：浙江大学出版社，2011.

［5］王晓军.数学课堂教学技能与维格训练［M］.杭州：浙江大学出版社，2011.

小学数学课堂如何培养学生的创新思维

韶关市翁源县龙仙第二小学　罗国强

　　一个没有创新意识的民族难以屹立于世界民族之林，激励创新意识、培养创新思维的基础在教育。要使小学生具有创新意识和创新思维绝非一朝一夕之功，需要教师以具体的数学知识为载体，有目的、有计划地长期培养。下面就小学数学教学中如何培养学生的创新思维谈谈几点体会。

一、民主平等，激发思维

　　学生在宽松、和谐、平等、民主的环境中学习，才能思路开阔，思维敏捷，主动参与学习活动，从而迸发出创新的火花。因而，教师应摈弃传统的"教师讲，学生听"的"满堂灌"的教学模式，丢开"师道尊严"，改变高压、专制的作风，变"师生关系"为"朋友关系"，否则培养出的便是教师说一便是一、鹦鹉学舌、奴性严重的学生。教学中教师应摆正主导与主体的位置，创设一个民主平等的教学氛围，扮好一个"导演"的角色，点拨学生自主地去探索、发现知识的产生、发展、形成的全过程，让学生敢于观察发现，敢于动手操作，敢想，敢问。

　　如在教学《圆的周长》一课中，让学生拿出几个大小不同的圆，引导学生说出"绳测"和"滚动"这两种测量圆周长的方法后，便让学生动手测量。不一会儿，便会有学生觉得这两种方法太麻烦。教师便因势利导："没错！真麻烦！而且有的圆还不能测。"教师在空中画一个圆："这个空中的圆，同学们还能用'绳测'和'滚动'的方法测量它的周长吗？有没有简便的方法呢？"这样设置悬念，开启学生思维的闸门，学生欲罢不能，急于解决困惑与悬念。

然后，再引导学生进一步去探索、发现圆的周长公式。这样，学生在民主平等的氛围中，眼、手、脑、口全面、主动地参与知识的产生、发展、形成的再创造的全过程，敢想、敢干、敢问，并享受了如登泰山之巅一般豁然开朗的成功之乐。

二、动手操作，促进思维

苏霍姆林斯基说："在手和脑之间有着千丝万缕的联系，这些联系起着两方面的作用，手使脑得到发展，使它更加明智；脑使手得到发展，使它变成再创造的、聪明的工具，变成思维工具和镜子。"著名科学家爱迪生也曾说过："我从来没有做出一次偶然的发明，我的一切发明都是深思熟虑、严格实验的结果。"可见操作、实验对发明创造的重要性！教学时，放手让学生参与摆、拼、剪、折、摸、量、画等活动，不但可以激发学生的学习兴趣，还可以让学生主动去探究知识产生和形成的过程，从而激发、培养学生的创新思维。

例如，教学《圆的面积》时，学生通过动手操作，教师辅以直观演示，明确了把圆转化成近似的长方形来推导出 $S=\pi r^2$ 的方法后，接着又让学生运用手中的学具尝试摆拼，把圆转化成近似的平行四边形、近似的梯形等，用不同的方法都能推导出圆的面积公式。通过不断尝试，不断创新，并在尝试中获得成功，体验成功的喜悦，增强了学生创新的热情和信心，进一步激励了学生的创新思维。

又如，教学《圆柱的认识》时，出示长方体、正方体和圆柱模型，让学生观察对比异同，让学生初步感知圆柱特征；然后再让学生触摸长方体、正方体和圆柱的模型，让学生触知圆柱表象；后再让同桌一人拿长方体，一人拿圆柱体，玩"看谁的模型滚得远"的游戏。这样，学生通过看、摸、玩等实际操作，经过思考很快便能概括出圆柱的特征。这样的教学方式不但激发了学生的学习兴趣，调动了学生主动学习的积极性，而且帮助学生很好地完成了由具体形象思维向抽象思维的过渡，培养了学生的创新思维。

三、鼓励质疑，培养思维

古人说：学起于思，思源于疑。有疑才能启发学生的求知欲望，使学生处于主动、愉快地获取知识的积极状态，唤起他们的学习兴趣；有疑才有新的探

索、新的发现。万有引力定律的发现便是牛顿从对"苹果为什么掉到地下而不掉到天上"的疑问开始的。因此，教师在平时的教学过程中应该让学生无拘无束地发问，使学生养成不懂便问的良好习惯；还应根据学生的心理特点，采用恰当的方法创设质疑情境，制造悬念，培养学生善于发现问题、解决问题的能力。

例如，学习了圆的周长和面积后，学生会提出：①半圆的周长怎样算？②半圆的面积怎样算？③环形的周长怎样算？再如，学习了圆柱的表面积和体积后，学生会提出：①半圆柱的表面积怎样算？②半圆柱的体积怎样算？③钢管的体积怎样算？……面对与残缺图形和组合图形有关的问题，教师不要急于给出答案，应该把问题交给学生去讨论，引导学生画图或制作实物模型后，自己去释疑。在释疑过程中，学生发现问题、解决问题的能力得到了提高，发散思维得到了发展。

四、注意求异，发展思维

培养学生的创新意识，使学生的思维具有开拓性、创造性，教师除了要在教学中采用灵活多变的教法，还应精心设计练习内容，诱导学生发散思维，鼓励学生从多个角度、各个侧面、不同的方向思考问题，使学生敢于打破常规，寻找与众不同的解题思路和方法，提出合理、新颖、独特的解决问题的方法。

1. 一题多问

给出一个或几个条件，让学生自己提出问题，再解决问题。如设计一道这样的练习题："某班有男生30人，女生20人，_____？"我让四人学习小组互相补充问题来考对方，一方补充问题，另一方解决。学生补充的问题有：①男生人数是女生的多少倍？②女生人数是男生的几分之几？③男生人数与女生人数的比是什么？④女生人数与男生人数的比是什么？⑤男生人数占全班的几分之几？⑥女生人数占全班的几分之几？⑦男生人数与全班人数的比是什么？⑧女生人数与全班人数的比是什么？……在平常的教学中，多设计此类题目训练学生，有助于培养学生举一反三的能力，探索新知识、解决新问题的能力，有助于学生求异思维的发展。

2. 一题多解

对同一个问题，利用所学的不同知识，从各种不同的思路出发，提出各种解法，培养学生的创新思维。如设计一道这样的练习题：甲数与乙数的比是5∶3，乙数是60，甲数是多少？引导学生一题多解：①$60 \div 3 \times 5$；②$60 \times \dfrac{5}{3}$；③$5 \colon 3 = x \colon 60$。这样既巩固了学生学习的不同知识，又训练了学生思维的广阔性，培养了学生的创新思维。

3. 一题多变

对题中条件、问题做顺逆对比或叙述形式的调整变化，让学生在条件变化的情境中，从各种不同角度认识数量关系。如有一个圆柱高10分米，＿＿＿＿＿＿，它的体积是多少立方分米？引导学生可直接补充圆柱的底面积，或间接地补充圆柱的底面半径、直径、周长。多设计类似的练习，可以培养学生融会贯通的能力，发展学生的变异思维。

总之，在小学数学课堂教学中落实、加强创新教育，是我们每一个小学数学教育工作者义不容辞的职责。我们应树立以人为本的教育思想，摆正学生的主体地位，让学生的思维插上翅膀，遨游知识的海洋，为培养具有开拓创新精神的人才做出应有的贡献。

参考文献

［1］中华人民共和国教育部.全日制义务教育数学课程标准（实验稿）［M］.北京：北京师范大学出版社，2001.

解读符号化思想，有序培养符号感

韶关市翁源县龙仙第一小学　罗建福

今天的数学就是一个符号的世界，符号是数学存在的具体化身。英国数学家罗素说过："什么是数学？数学就是符号加逻辑。"数学的表达离不开符号，数学的思维也需要符号。经过长期的筛选和发展，世界各国已经形成通用的、规范化的、形式化的符号系统，这一符号系统在数学的发展中起着越来越重要的作用。

所谓符号化思想就是用一种符号代替原物，不用原物而用符号进行表示、交流、运算等活动的思想。

符号化思想与数学表达方式有着密切的关系，符号化是数学表示方式的重要形式，有了数学表示的需要，才有了用什么来表示的问题。数的符号化历程充分说明了这一点：从刻痕、结绳记事到象形符号表示法再到后来的意义符号表示法（如今通用的阿拉伯数字）。数学符号化思想最初表现为用记号或字母表示数的思想，后来慢慢发展为代数思想。

一、符号化思想在小学数学教材中的体现

1. 数学符号

数学符号是人们进行数学表达、计算、推理和解决问题的工具。数学学习与研究离不开各类数学符号。

小学教材中大致出现了如下几类符号：①个体符号：表示数的符号，如1，2，3，4…以及表示小数、分数、百分数的符号；②数的运算符号：+，—，×（·），÷（/，：）；③关系符号：=，≈，>，<，≠等；④结合符号：（　）［　］等；⑤还有表示角度等各类计量单位的符号和表示竖式运算的分隔符号等。

2. 用符号表示数

用○、□一类的符号表示特定的数。例如，有的题目是要求学生在□里填上数，使它的和、差或积、商等于几。虽然这样的题目只要求学生在"空格"中填一个数，但如果把符号□换成x，则上述题目就是一元一次方程。这是今后学习用字母表示数、列方程解应用题的基础。

3. 字母表示数

符号化思想的核心是"用字母表示数"的思想。"用字母表示数"就是用字母代替数，是数字的一般化表示，它不仅是产生符号化思想的基础，也是代数思想和函数思想的"前奏"。

字母表示数可以分为以下几个层次：①泛指某个数集中的一个数，与用张三、李四泛指某个人一样；②专指特定的数，如方程中的未知数；③作为变量，如函数概念中的字母；④作为不定元参与数学运算。

用具体的数和运算符号所组成的式子只能表示个别具体的数量之间的关系，而用字母表示，既简单明了，又能概括出数量关系的一般规律。例如，四年级下册中教学《运算定律》时，运用字母等式陈述加法交换律、加法结合律等运算定律。与用具体的数表示相比，它更加概括、明确，与用日常语言表示相比，它更简明、易记。

五年级《多边形的面积计算》单元开始广泛地使用字母表示面积计算公式，之后的立体图形的表面积、体积计算公式也都开始用字母表示。

通过以上各阶段的积累，学生将逐步领会用字母表示数的优越性，符号化思想也初步形成。

4. 列方程解应用题

"字母表示数"直接引发了方程的产生，而方程的出现使许多复杂的算术问题的解答变得轻而易举。可以说，算术因为符号化而发展为代数学，代数使计算变得精确和方便。

用方程来解应用题，解法本身蕴含着符号化思想，它主要体现在如下几个方面：①代数假设，用字母代替未知数，与已知数平等地参与运算；②代数翻译，把题中用自然语言表述的已知条件译成用符号化语言表述的方程；③解代数方程：把字母看成已知数，并进行四则运算，进而达到求解的目的。

二、符号感培养的途径

《小学数学课程标准》明确指出应培养学生的符号感。符号感主要表现为："能从具体情境中抽象出数量关系和变化规律并用符号来表示，理解符号所表达的数量关系和变化规律，会进行符号间的转换，能选择适当的程序和方法来解决用符号所表达的问题。"如何培养学生的符号感呢？可以有层次地从以下几个方面入手。

1. 利用问题情境培养符号感

低年级学生在解决数学问题时，往往需要图形的帮助。如三个小朋友握手，每两个人握一次，一共要握几次？这样的问题许多学生需要画出具体的小朋友通过连线才能较好地解决。此时，教师可以引导学生将画人改为画〇或□，用符号来表示具体的人或物，促进学生符号感的形成，培养学生简洁、概括的数学思维习惯。

2. 渗透变元思想，建立符号感

例如，□25÷38<10，学生在方框里填上一个数很容易，但教师要明白，若将方框里填上x就变成一元一次不等式。因此，教师应引导学生继续思考：方框内最多可以填几个数？这种思考能使学生初步了解变元思想，理解符号不仅可以表示某个具体的数，也可以表示符合条件的某些数。再如，用字母可以表示运算定律、表示运算关系、表示面积、体积公式等。教师在教学时就应该遵循循序渐进的原则，从学生的生活、原有的认知结构出发，引导学生自主建构起用字母代替数的符号化思想。

3. 转化符号化语言，建构符号感

数学教学很大程度上是数学语言的教学。在教学活动中，教师要帮助学生初步学会简单的数学符号化语言和日常语言的转化，即能将日常语言叙述的数量关系或空间形式转化为数学符号化语言。反之，也能将符号化语言转化为问题，看懂抽象的符号所反映的数量关系或空间形式。

列方程解应用题的教学就可以充分培养学生的这种语言转化能力。例如，当面对"黑兔和白兔共240只，白兔是黑兔的3倍。黑兔和白兔各有多少只？"的问题时，首先引导学生将"黑兔和白兔共240只"转化为数学语言"黑兔只数+白兔只数=240只"，然后用再引导学生用x表示黑兔的只数，则白兔的只数

可用3x表示，刚才用数学语言表示的等量关系又可符号化为"$x+3x=240$"。这就是一个日常语言转化为数学符号化语言的过程。学生在这个过程中，逐步自主建构符号感。

总之，教师不能只把数学符号当作"一种规定的记号"简单地教给学生，而应当把符号化思维渗透于教学的各个阶段、各个环节，以培养学生的抽象思维能力。

有限的课堂教学时间与耗时的探索与发现

——《探索与发现（二）三角形边的关系》教学案例

韶关市浈江区风采实验学校　任伟艳

一、教育背景与设计理念

"明天，老师要在我们四（2）班上一节校内数学教研课。届时，全校的数学老师都会来我们班听课，希望同学们能按照老师的要求将上课所需要的小棒分类准备好。"开学不久，我就向学生做好了交代。

学校规定，每学期各任课教师都要上一节校内教研课。翻阅了全册书的教学内容后，我选择了小学数学北师大版四年级下册27～28页《探索与发现（二）三角形边的关系》作为教研课内容。《小学数学课程标准》认为要使学生真正理解和掌握数学知识，并内化为自身能力，最好的方法是让学生主动参与到教学活动过程中来，通过内心体验与创造去学习。学生在探索问题、发现规律过程中的学习比教师单纯教授知识更有效，思维训练也更加深刻，学生得到的不仅有知识，还包括独立思考的认知技能和实际操作能力等。我决定利用这一课内容进行尝试。

二、学情简析与教材内容分析

"上课时要听从老师的安排，以最好的状态配合老师上好这节课！同学们能做到吗？"学生大声回答："能！"看到学生情绪饱满，我由衷地感到我已和这个班学生形成了默契。虽然这个班是我从四年级才接手的，至今也不过才一个学期，但这个班的学生整体素质好，尤其是数学，从一年级至今，每学期的数学成绩都在全年级排第一，我担任他们的数学教学才一个多学期，学生已适应了我的教学方式。

这是一节实践探索课，要求学生通过摆一摆等操作活动，探索并发现三角形任意两边之和大于第三边，在实验活动中，体验探索的过程，提高自主探索的能力。探索并发现三角形任意两边之和大于第三边的过程是本课教学内容的重点。同时，考虑到学生的接受能力强，我还打算将教材内容进一步延伸，将三角形第三边的取值范围扩展至三角形的第三边大于两边之差（教材只定义了三角形第三边小于任意两边之和），使这节课内容更加完整。合理地利用课堂有限的40分钟时间，真正地让学生充分通过自己的实践探索发现规律，形成知识点，是我这节课的重点，也是我的担忧：一定要把握好时间，不能让学生的实践操作过程成了一种形式。

三、片段描述与评析

（一）导入

师：上节课我们探索了三角形的三个内角，发现了三角形内角和是180度，这节课我们将继续探索三角形边的关系。

（为了节省时间，我直导课题。）

课件出示一个三角形。

师：瞧，这是一个三角形，我们知道它是由三条线段围成的。请同学们想一想：是否任意三条线段都能组成一个三角形？

一石激起千层浪，很快，个别课前预习过的学生回答说："不是。"

不少学生对这个答案并不信服，小眼睛满是怀疑地看着我。

师：我们看课件演示（见图1）：有长度为4厘米、5厘米、10厘米的三条线段，看一看这三条线段能否组成三角形？

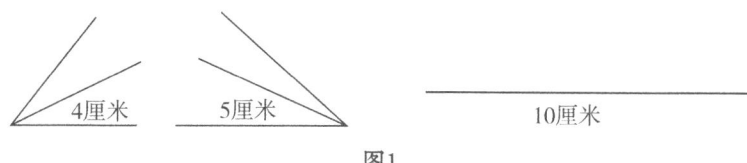

图1

生：不是任意三条线段都能组成一个三角形。

师：那么什么样的三条线段才能围成三角形呢？三角形三条边之间到底存在什么样的关系？下面老师和同学们就借助小棒来共同探讨。

（二）新授

1. 探索发现三角形边的关系

题目：你能用如图2所示的小棒摆成三角形吗？

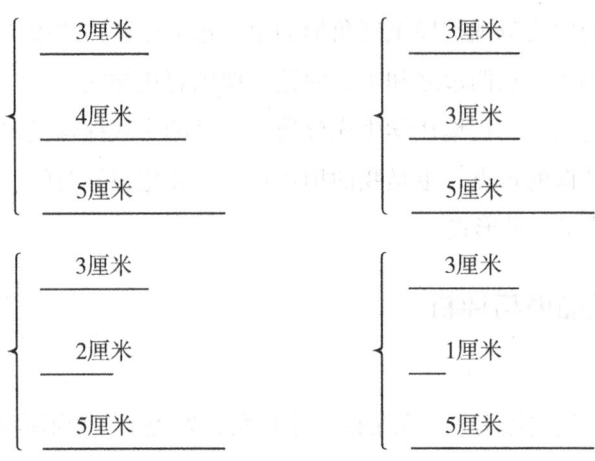

图2

（1）教师在黑板上示范

师：先看老师摆第一组小棒。这组小棒分别是3厘米、4厘米、5厘米。瞧，我将它们摆成了一个三角形，如图3所示。

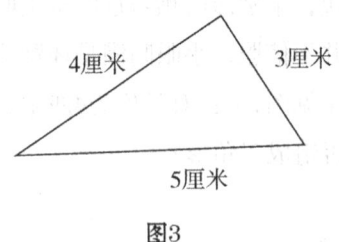

图3

师：我们将摆成的图形画在课本表格里，同时要写出各条边的数据。

师：最后我们还要比较这个三角形三条边的关系，看看这个三角形任意两边的和与第三条边的关系。谁能说说"任意两边的和"是什么意思？

生：就是随便两条边的边长之和。

师：真棒！你能说出一组这样的关系吗？

生1：3厘米加4厘米与5厘米比较。

师：真聪明！还有吗？

生2：3厘米加5厘米与4厘米比较。

生3：4厘米加5厘米与3厘米比较。

师板书，完成教材27页表格的第一栏，见表1。

表1

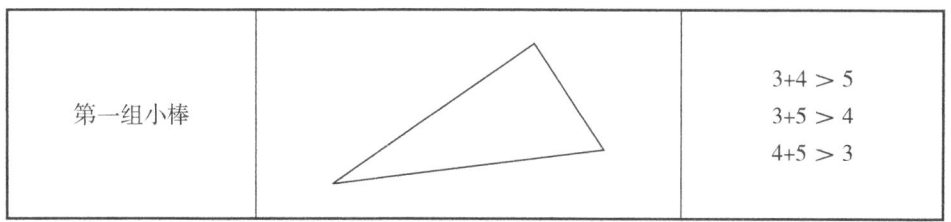

第一组小棒		3+4 > 5 3+5 > 4 4+5 > 3

还好，这一环节顺利完成了。

（2）学生自主探索发现

师：请学生拿出课前准备好的小棒，按照老师的方法摆一摆第二组、第三组、第四组的小棒，并将实验结果填入课本表格。

学生拿出准备好的小棒摆了起来。我开始巡堂。

现象1：虽然课前学生已分类准备好了3组小棒，但将9根小棒摆在小小的课桌面上，由于小棒太小（长度与教材中呈现的相等），学生很难将它们拼在一起，小棒经常溜走，学生不得不小心地将小棒拨回来再摆，浪费了时间。

现象2：由于立体图形与平面图形的区别，不能直观看出3根小棒的顶点是否相连，于是学生开始对小棒进行左拉右扯，特别是3厘米、2厘米、5厘米这一组小棒，学生总认为再拉一拉就可以拼成一个三角形，花了不少冤枉时间。

现象3：一小部分学生好不容易完成了拼摆的环节，还要花不少时间将摆成的图形小心翼翼地画入课本表格中，并比较三条边的关系。

……

我一边巡堂，一边开始着急，我课前所担心的现象还是出现了：时间一分一分地过去了，而总不见学生的小手举起，那意味着学生还没有完成。我开始走到学生中帮着学生摆图，不断地鼓励："真不错，××快完成了！"……10

多分钟过去了，还有 $\dfrac{1}{4}$ 的学生未完成。

师：大家停下来，由于时间原因，没有完成的也停下来。看黑板。

幻灯片出示教材27页的表格，教师投影出摆成的图形，请学生比较三条边的关系，完成表2的内容。

表2

分组	摆成的图形	比较三条边的关系
第一组小棒		3+4 > 5 3+5 > 4 4+5 > 3
第二组小棒		3+3 > 5 3+5 > 3
第三组小棒		3+2 = 5 3+5 > 2 2+5 > 3
第四组小棒		3+1 < 5 3+5 > 1 5+1 > 3

师：我们来仔细观察每一组小棒摆成的图形后三条边的关系，你能不能找到其中的不同类？

生：能！第三组：3+2=5。

师：不错，正是有了这个"异类"，所以第三组小棒摆成三角形了吗？

生：没有。

师：再找找，还有吗？

生：第四组：3+1<5。

师：真棒！也正因为有了它，所以第四组小棒也不能组成三角形。那么你能说说你发现什么规律了吗？

　　生：三条线段只有当任意两边的和大于第三边时，才能组成三角形。

　　师：也就是说，在三角形里，任意两边的和一定大于第三边。

　　……

四、教学反思

　　尽管之后的教学内容都按照教学计划很顺利地完成了，但"学生探索发现"这一环节仍然是我这一节课的遗憾，这一环节是本课的重点，却没有达到我预期的效果。经历知识形成过程，这是《小学数学课程标准》中倡导的重要改革理念之一。让学生经历知识的形成过程，不仅可以加深学生对所学知识的理解，而且能使学生逐步学会数学的思想方法和如何用数学去解决问题，获得自我成功的体验，增强学好数学的信心。这也是我设计本课的初衷。在以上的教学案例中，我本意是想花大量的时间让学生通过摆一摆、画一画、比一比等操作活动，探索三角形三条边的关系，并发现三角形任意两边之和大于第三边，让学生自主获得知识点。然而，在实际教学中，探索发现的结果最终还是由教师呈现出来，"教"给了学生，并没有达到预期的效果。由于担心时间不够用，学生的体验探索过程只是蜻蜓点水，点到即止。这是在教学"探索与发现"这一课型时常遇到的问题。如何解决有限的教学时间与耗时的探索过程的矛盾？如何结合学生年龄特征，恰当地指导学生操作，探索规律，关注学生，关注学生学习过程，关注学生发展？就本课学生探索发现这一教学环节而言，我有以下几点反思。

（一）太拘泥于教材，受到了教材的牵制

　　我让学生完全按照教材出示的小棒（长度与教材中呈现的相等）来摆一摆，就出现了当9根小棒摆在小小的课桌面上后，由于小棒太小，学生很难将它们拼在一起，小棒经常溜走，学生不得不将小棒拨回来再摆的现象，浪费了不少时间。也正是受到这些小棒的影响，学生对小棒东拉西扯后还是无法直观地、信服地得出结论。课改的基本理念是：教育要以人为本，教育要促进人的发展，要关注学生、关注过程、关注发展。而要体现这个基本理念，非创造性地使用教材不可。像以上的案例，学生自主探索发现这一环节可否接着由导入部分往下引？做三组小棒，分别是：两边之和等于第三边，两边之和大于第

三边，两边之和小于第三边（不硬性要求每根小棒的长度，只要符合以上条件）。将两条较短边的一端分别与最长的那边的两端连接起来，如图4所示。

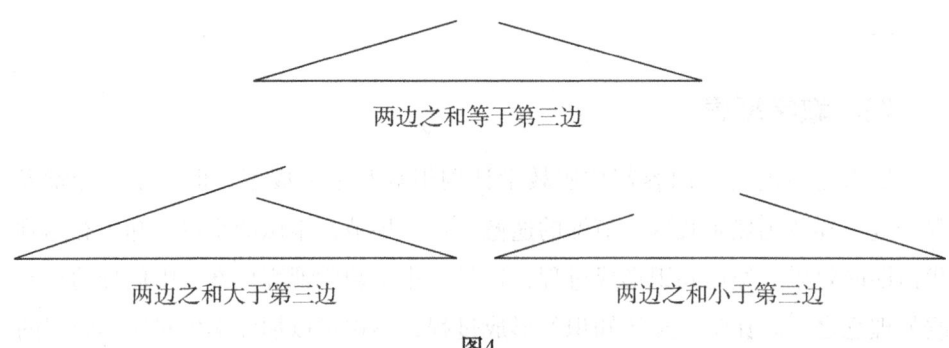

两边之和等于第三边

两边之和大于第三边　　　　　　　　两边之和小于第三边

图4

　　学生通过移动两条短边很容易得出结论：只有当两边之和大于第三边时才能拼成一个三角形。而教材27页摆小棒的实验内容可作为对学生得出的结论的进一步论证与完善：这4组小棒哪些不能摆成三角形？为什么第3、4组小棒不能摆成三角形？它们会摆成什么样的图形？三角形三条边之间存在怎样的关系？通过这样的过程，学生能够更直观、更信服地得出结论，同时又免去了因受教材牵制出现的烦琐的摆小棒过程。

　　（二）一节课的教学，要"不求多，只求透"

　　在教学设计时，我考虑到学生的接受能力强，打算将三角形第三边的取值范围进一步扩展至三角形的第三边大于两边之差（教材只定义到三角形第三边小于任意两边之和），使这节课内容更加完整。这看似完满的教学设计却成了我教学过程中的一块心病，我必须从前面的教学过程中省出时间来完成这一环节的教学。由于担心时间不够用，我不能毫不顾忌地让学生尽情地进行探索，学生的体验探索过程只能浅尝辄止。这也使我体会到一节课的教学不能面面俱到，那样只会顾此失彼。

合作学习在小学数学教学实施过程中存在的问题及其对策

广州市新丰县实验小学　唐牡丹

一、合作学习的相关概念

1. 什么是合作学习

有一首歌，人们再熟悉不过："团结就是力量，团结就是力量，这力量是铁，这力量是钢；比铁还硬，比钢还强……"这首歌讲的就是团队合作，谁不知道团队合作的重要性呢？"人心齐，泰山移""同心协力""同仇敌忾"……这些耳熟能详的话语告诉我们：团结合作很重要。团队精神是决定成败的关键，一个人，只有具有团队精神，才能在未来的社会上立足。培养学生的团队精神，正成为教育的一项重要任务。许多有远见的教师也开始为培养学生的团队合作精神而进行课堂改革。"课桌椅面向黑板和讲台排列成行，教师以教材为中心，使用粉笔和黑板进行讲解，学生作答"的形成已渐渐向"合作学习"的形式过渡。

什么是合作学习呢？合作学习是指学生为了完成共同的任务，有明确的责任分工的互助性学习。合作学习鼓励学生为集体的利益和个人的利益而一起工作，在完成共同任务的过程中实现自己的理想。

2. 合作学习在小学数学学科教学中的具体操作简介

合作学习在小学数学学科教学中是怎样操作的呢？

首先，在座位编排方面，一般以四人小组围坐的形式，把全班分成若干小组，听课时面向黑板，小组学习时大家面向座位中间进行讨论交流。

在人员分配方面，一般按照学习能力的"优、良、中、差"的不同层次进行搭配，确保每个学习小组有不同层次的学生，实现学习上的互助。此外，小组成员搭配还要兼顾男女平衡原则。有研究表明，一女三男的搭配是最理想的小组学习模式。

为了培养学生的团队精神，形成小组凝心力，在小组成绩计算方面，我们一般以小组平均成绩来计算学生的个人成绩。在小组合作学习的过程中，我们还要先给学生制订学习原则，如听课规则、讨论规则等等。

二、合作学习在小学数学学科教学实施过程中存在的问题

每一项变革，都是机遇与问题并存的，在实行小组合作学习的过程中，我们主要遇到了以下问题。

1. 小组人员合理调配较难实现

个别学困生或者纪律不好的学生遭到其他学生的"嫌弃"，没有人愿意跟他们一个小组。

在小组成员分配的过程中，我们一般按照"优、良、中、差"搭配的原则来分小组，这样一来，部分学生就遭到大家的嫌弃了，因为这部分学生要么纪律不好，难以监管，要么成绩不好，拖大家的后腿。在开学初分小组的时候，教师都得花一定的时间做部分小组学生的思想工作，说服他们接纳"拖后腿"的同学为他们组的成员。

上学期教三年级时，班里有个学生叫小文，学习和纪律都不是很好，分小组时，我把他分到了班长那组，刚宣布班长就不愿意了："老师，管他他都不听的，我们不要跟他一组。"我费了好大一番口舌，才勉强说服这一组的成员接纳这个学生，过了没几天，班长又来投诉了："老师，小文不但上课搞小动作，有时还动手弄其他同学，我管他，他还打我，他都影响我们的学习了，老师，你可不可以让他自己一个小组？"……像这样的投诉，我几乎每次去上课都能听到。

2. 学生不会组织语言

在小组探究的过程中，学生不会组织语言，不知道该说些什么，也不知道怎样说。

受年龄的限制，小学生的思维能力较差，组织语言能力也较差，在小组合

作探究的时候，很多学生知道答案，但是不知道怎样表述，所以在小组学习的过程中有时会出现冷场的情况。

3. 无人监管

在小组学习的过程中出现了无人监管，"各吹各的号、各干各的事"的现象。甚至有的小组以小组学习为掩护，把小组变成了说闲话、聊天的场所。

在刚尝试合作学习的模式时，我站在讲台上，看到下面的学生叽叽喳喳，说得非常热闹，我心里也觉得挺高兴：课堂气氛可以变得这么热闹，看来小组学习的模式真的不错。高兴没几分钟，我就看见后面小组中有学生互相扔纸团，有的学生你碰我我碰你，玩得很开心。我不动声色地走到小组中逐一巡视，这下可把我气炸了：原来这帮学生有很多不是在讨论老师给出的问题，而是在开玩笑或者在说着跟上课无关的东西，小组长在一旁坐视不理，甚至有的小组长自己也说得不亦乐乎。

4. 不会倾听

在四人小组互教互学的过程中，学生自己说自己的，不会倾听他人的发言，以致自己小组成员的答案出现了错误也没人发现。

"金字塔学习理论"表明，"教别人"这种学习模式对知识的掌握率可以达到95%，为了让学生更好地掌握知识，我在小组学习的过程中加入了"互教互学"的环节，即让一个学生当老师，其他三个当学生，模拟老师讲课的样子，把老师所讲的知识再讲一遍。在刚刚进行这种尝试的时候，学生很兴奋，把教和学进行得有模有样。可当我走到小组中仔细观察时却发现，学生进行互教互学更多的是因为这种学习方式像"过家家"一样好玩，他们根本没听"小老师"在讲些什么。例如，在讲《轴对称》时，有位"小老师"说："我把这朵紫荆花对折，发现两边完全重合，所以这个紫荆花图形是轴对称图形。"其他三个学生纷纷点头，没有一个人提出异议。

5. 小组活动进度不同步

由于各小组学生的素质不同，以及小组长在组织活动方面的差异，在小组活动过程中，各小组的活动进度不同步，有些小组快，有些小组慢，这样就影响了教师进行下一个环节的操作。在刚尝试合作学习这种模式不久，有一次我讲《轴对称》这一课，其中有一个环节是让学生通过画一画、折一折等方法，探讨五角星、紫荆花、字母N等图形哪些是轴对称图形，哪些不是轴对称图

形。结果有些小组两分钟就完成了，有些小组则在紫荆花等几个比较难以判断的图形上手足无措，结果让其他小组等了很久，那节课的教学任务也没有按计划完成。

6. 小组成员没有集体意识，难以形成小组凝心力

受以往独立学习模式的影响，组成学习小组以后，有些小组成员还是以自我为中心，在团队合作时各做各的事，或者争着表现自己，没有"大家共同完成任务"的意识。

合作学习讲究团队精神，学习成果也以团队成绩为单位，这种学习形式使团队成员之间产生了矛盾：在一次小组合作完成练习题的过程中，同小组的小组长得了25分，另外三个学生中有两个得了22分，另一个成绩较差的学生得了3分，结果这组的平均分为18分。这时，成绩较好的三位学生纷纷埋怨这位得了3分的学生拖了他们的后腿，同时也向老师表达他们的不满："为什么他没有算对题目要连累我们跟着受罚？"

7. 老师较难调控小组的纪律

四人围坐的形式方便了学生交流，同时也给学生提供了说话、搞小动作的机会。一个班分10多个小组，教师往往是刚镇住这组，那组又说了起来，有些小组甚至出现了打架的现象，课堂纪律很难调控。

三、解决合作学习中各种问题的对策

在实践过程中，针对合作学习出现的种种情况，我结合学生实际不断改进方法，收到了较好的效果。

1. "威逼利诱"，让学生接纳学困生朋友

刚开始分组的时候，我利用教师的"威严"，好不容易把几个"人见人嫌"的学生强行"摊派"到几个小组里，特别是成绩纪律双差的后进生，我特意把他们分到学习成绩和管理能力最好的小组长的那一组，对于这样的分组，学生们尽管脸上写着一百个不愿意，但也是"敢怒而不敢言"。但是在上课的时候，这些学生就不客气了，全程对小组里面的"落后分子"爱理不理，有些有个性的学生还直接给他们"脸色"看，摆着一副"嫌弃脸"，自知理亏的"落后分子"这下可一改往日不可一世的样子，变得唯唯诺诺，大气也不敢出。这样下去可不行，于是我给每个小组定了一个小目标，要求其他小组成员在学习的过程中帮助这个同学，如果这个同学达到了目标，老师就给这个组的同学发小奖品。重赏之下必有勇夫，这招果然管用，学生都把提高这个同学成绩的事当成了自己的事，在课中和课后积极地帮助这个同学，慢慢地各个小组的成员都接纳了自己小组里的后进生。

2. 树立榜样，训练学生的表达能力

针对学生不会组织语言的情况，在小组讨论的时候，我认真留意在小组中说得比较好的学生，并请这个学生在小组中做示范，让其他学生也学习这个学生的表达方式，慢慢训练学生的表达能力。

3. 细心组织，文明讨论，让"闲话"无空可钻

为了防止学生以小组讨论做掩护进行聊天，我首先加强对小组长的培养，教给他们组织小组学习的技巧，并要求学生在讨论的时候音量适中，让自己的小组成员听得到即可。这样，学生就不敢聊天了，因为大家的声音都不大，哪位学生聊天老师或其他同学一下就听见了，再加上小组长的监管，那些喜欢以小组讨论做掩护而聊天的学生也不敢造次了。

4. 学会倾听，让互教互学名副其实

为了让互教互学不流于形式，达到应有的教学效果，我在学生回答问题的过程中着重训练学生的"倾听"能力，并对他们提出要求：听别人说话时不能说话，留心倾听，发现别人的话里有错误，等别人说完以后举手补充。这样训练了一段时间以后，学生倾听的能力有了很大的提高。为了把互教互学做得更好，我还让学生模仿老师提问，其他学生举手回答问题，在小组里模拟"小课堂"，这样训练了一段时间后，互教互学的活动也开展得像模像样了。

5. 无声指挥，让小组活动更同步

针对小组活动不同步的问题，开始我站在讲台上提醒学生："请大家停止讨论，下面我们进入下一个环节。"可是有些学生正说得起劲，根本听不到老师讲话，有些学生虽然听见老师讲话了，但是完全不理会，继续自己讲自己的。好不容易，在老师的一再要求下小组停止了活动，但是有些小组还没有完成研讨的任务。看到这种情况，我改变了策略，在进入下一环节前的2分钟，先在黑板上写上下一环节的名称，如接下来我要求大家汇报讨论结果，我就在讨论结束前的2分钟在黑板上写上"汇报讨论结果"几个字，学生看到这几个字，就必须在2分钟内结束小组的讨论，让还没有得出结论的小组提前做

好准备，加快活动进度，等到了汇报成果的时间，老师打一个停止的手势，全班学生就必须停止小组活动，进入下一个环节，这样就较好地解决了小组活动不同步的问题。

6. 集体作战，集体奖励，增强学生的集体凝聚力

为了形成小组凝心力，在计算成绩时，我弱化了个人成绩，在小组活动中以小组为单位进行奖励。在小组活动中，哪一组做得好，就奖励该小组的全部成员。如果这个小组有哪个同学没有做好，就不能得到奖励。同样，如果这一组有哪个同学在大家的帮助下取得了进步，也是同时奖励小组全部成员。这样，为了得到共同的利益，学生就变得非常讲究团队精神了，假如小组里有哪个同学不会操作，其他成员就会主动去教这个同学，哪个同学知识掌握得不够好，其他小组成员也会主动帮他补习，大家都会主动为小组利益而战。

7. 利用"小组评价表"（见图1），有效调控课堂纪律

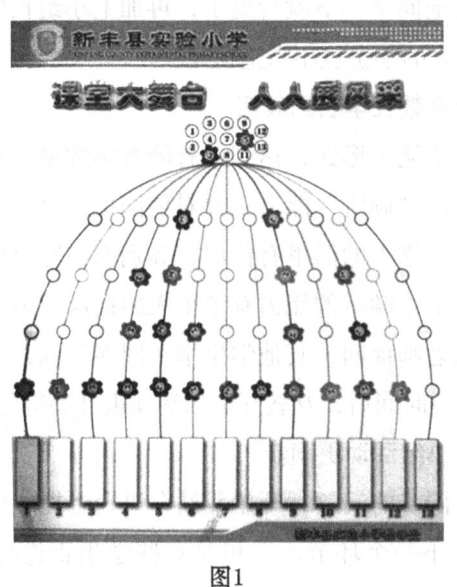

图1

针对小组纪律难以调控的现象，我特意制作了一张小组课堂评价表，上面画好格子，并写上小组的编号，把它贴在黑板上，哪个小组表现好，就给这个小组奖励一个磁贴，到下课时，看哪些组得到的磁贴多，就给这些小组的学生奖励一个印章（一般奖励前3名）。学生的印章集够了一定的数量，就可以到老师这里兑换小礼品。有时候有些小组有说话或搞小动作的现象，我就故意给纪律好的小组贴上一个磁贴，并表扬这个组，这时候，那些不遵守课堂纪律的小组很自然地就停止说话和搞小动作了。就这样，用这种方法，教师不费什么力气，就能很好地调控课堂纪律。

在现代社会中，我们越来越重视团队合作精神。合作学习，是培养学生团队合作精神的重要方法。这种学习模式将是未来课堂教学模式的一大趋势，作为教育界的一员，我正在这条路上努力探索。在这个过程中，我不断遇到问题，同时也在不断地探索这些问题的解决方法，以后，希望我们能在这条路上走得更远。

参考文献

［1］佐藤学.学校的挑战——创建学习共同体［M］.钟启泉，译.上海：华东师范大学出版社，2010.

［2］李明尚.小先生制，让课堂更高效［M］.北京：教育科学出版社，2013.

深度解读教材，浅谈几何直观的培养

——由一道"周长"单元测试题引发的思考

韶关市韶钢第四小学　吴太待

"几何直观"是《义务教育小学课程标准（2011年版）》新增的又一个核心概念。结合实际教学，"如何有效地培养几何直观"既是一个热点话题，也是一个重要课题。笔者在评讲一道"周长"考试题中，偶遇障碍，力求突破……

一、缘起

在本次"周长"单元测试题中，有这样一道应用题：学校操场原来长100米，宽80米，扩建后长和宽各增加了30米，求扩建后操场的周长增加了多少米？会做的学生大多数都是先算出前后两个操场的周长，然后相减而得到，即（130+110）×2-（100+80）×2=120（米）。

笔者在评讲该题时，首先肯定了这些学生的做法，然后提出：如何优化解法？结果，学生想了好久，也才只有一两个学生想到了最优解法，即4×30=120（米）。

但尽管笔者详细解释了这种解法的合理性，班内也就只有几个尖子生能听得懂。再讲解一遍，还是如此。笔者当时就很纳闷：周长是由图形边长的长度之和决定的。既然长和宽各增加了30米，而长方形共有2条长和2条宽，所以周长也就增加了4个30米，即120米。如此简单的道理，为什么绝大多数学生都很难接受呢？

霎时，笔者灵机一动——画图，图形最能说明问题。于是，笔者用白色粉笔画出了原来操场的长和宽，将它们平移后，仍然用白色粉笔画出，然后用绿色粉笔画出两条长增加的部分，用红色粉笔画出两条宽增加的部分（见图1）。笔者要求学生仔细观察，结合图形周长的概念认真思考，并适当讨论。很快，学生的小脸儿逐渐有了变化，皱着的眉头慢慢地舒展开来。笔者知道，他们大多数都已经在前后图形的变化中悟出了算理，并接受了这一最优解法。

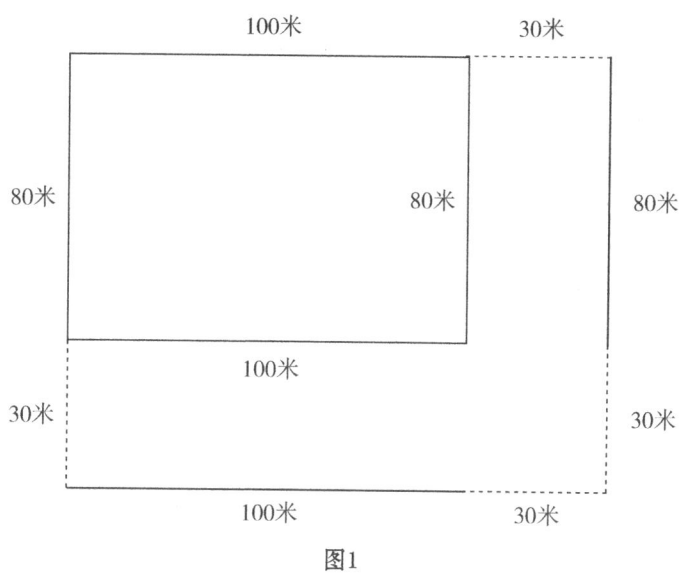

图1

二、反思

课后，笔者为自己没能在课前备课时，就想到这一点而感到沮丧。原因出在哪里呢？首先，小学生由于年龄和心理的特点，大多数人都没法像中学生那样比较快速地抽象出周长的本质属性，而是要通过大量的实物和图形，进行直观的感知，才能逐渐理解并接受；其次，对于几何概念的深度理解，并不能指望学生通过一朝一夕的一课一练就能很好完成，而是要在平时的教学中进行一点一滴的有效积累，最终由量变达到质变；最后，要用好教材，不论是新授课、练习课还是复习课，都能很好地培养学生的几何直观能力，从而大大提高课堂效率，而不是等到试卷评讲课时，才有所悟道。

三、研读

带着上述问题，笔者进行了学习。《小学数学课程标准（2011年版）》明确

指出："几何直观主要是指利用图形描述和分析问题。借助几何直观可以把复杂的数学问题变得简明、形象，有助于探索解决问题的思路，预测结果。几何直观可以帮助学生直观地理解数学，在整个数学学习过程中都发挥着重要作用。"

"几何直观"是在《义务教育小学数学课程标准（实验稿）》的六个核心概念的基础上新增的又一个核心概念，可想而知，它的重要性和地位。教师不能仅仅重视培养学生的逻辑推理能力，而忽视了对学生几何直观能力的培养。

这里所说的直观不仅仅是指直接看到的东西，更重要的是依托现在看到的或以前看到的东西进行思考、想象。综合起来，几何直观就是依托、利用图形进行数学的思考和想象。它在本质上是一种通过图形所展开的想象能力。爱因斯坦曾说："想象力比知识更重要，因为知识是有限的，想象力概括着世界上的一切，推动着进步，并且它是知识进化的源泉。严格地说，想象力是科学研究中的实在因素。"

四、回顾

反观本单元的整个教学过程，笔者认为可从如下几个方面来培养学生的几何直观能力。

1. 养成画图习惯

在日常教学中，帮助学生养成画图的习惯是非常重要的。可以通过多种途径和方式使学生真正体会到画图对理解概念、寻求解题思路带来的益处。无论是计算还是证明，逻辑的、形式的结论都是在形象思维的基础上产生的。坚持能画图时尽量画，其实质就是将相对抽象的思考对象"图形化"，尽量把问题、计算、证明等数学的过程变得直观，直观了就容易展开形象思维。

例1：教材第45页中，让学生用彩笔描出树叶和数学书封面的边线，从而初步感知周长的含义。

例2：出示图2，该图形有周长吗？

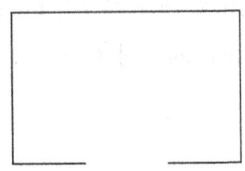

图2

若没有，该如何给它添上一笔，让它有周长呢？让学生动笔画图，发挥想象，不仅能准确把握概念内涵，而且还能加深对图形的理解。（学生展示汇报，如图3、图4、图5所示。）

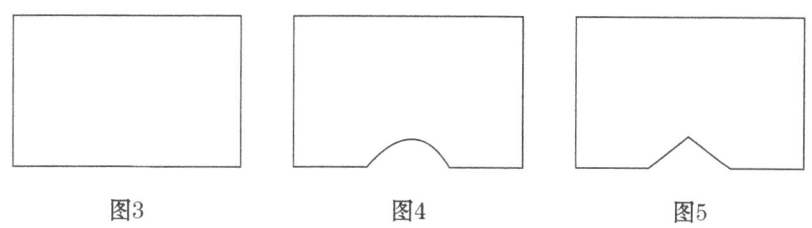

图3　　　　　　　　　图4　　　　　　　　　图5

2. 让图形动起来

几何变换或图形的运动是几何也是整个数学中很重要的内容，它既是学习的对象，也是认识数学的思想和方法。义务教育阶段的几何变换主要有平移、旋转、轴对称等，应加强对它们的学习和运用。

例3：教材第49页中，练一练第5题（见图6～图9）：你会求下面图形的周长吗？你发现了什么？

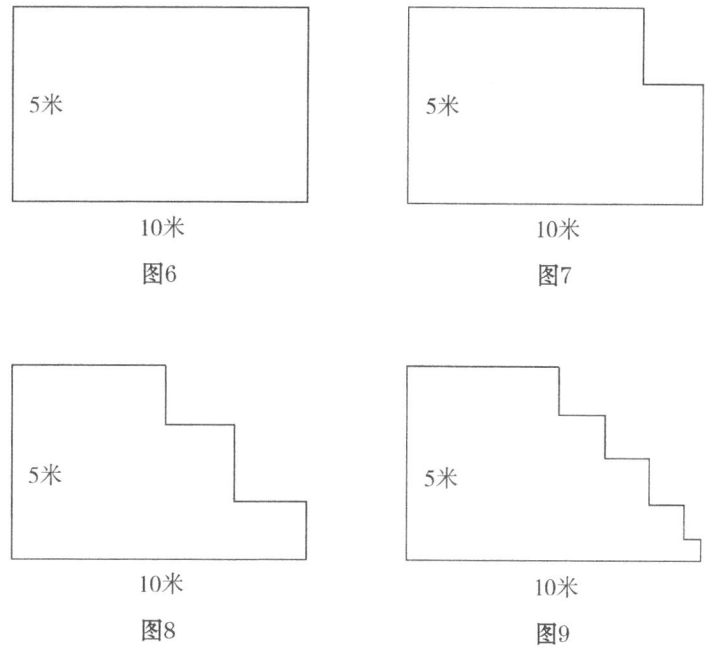

图6　　　　　　　　　图7

图8　　　　　　　　　图9

绝大多数学生求解该题是有困难的，几乎摸不着头脑。教师可引导学生将图7中形成缺角的两条线段向外平移（图10中的虚线），将不规则图形转化为原来图6中的长方形进行解决。学生要是真的明白了，那么，图8、图9也就同理可解了。

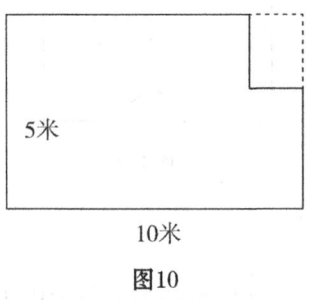

5米

10米

图10

例4：用7个边长均为1厘米的小正方形拼成图11，若拿掉2个正方形（见图12），周长是否发生了改变？

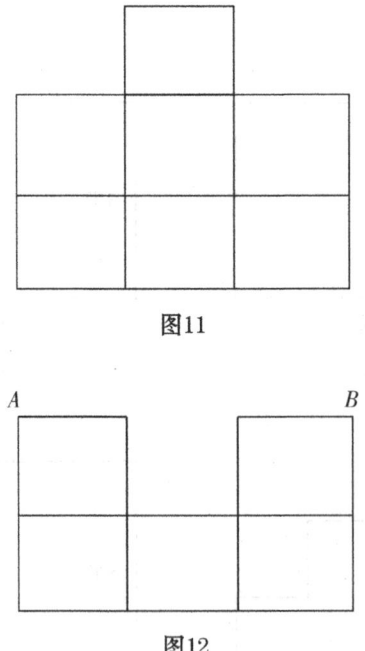

图11

A　　　　　　　*B*

图12

草率的学生容易受到图形陷阱的诱骗，而以为周长变小了；勤快的学生会仔细数清楚每一条边长，而找到答案；睿智的学生则会想到将图11中上凸的正

方形沿着直线AB向下翻折（也就是轴对称），恰好填补了图12中下凹的缺口（见图13），此时，形成上凸的三条边长恰好与形成下凹的三条边长重合，所以，周长相等。

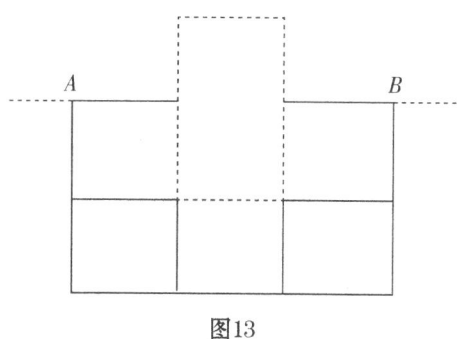

图13

例5：某长方形的周长是24厘米，其长恰好是宽的2倍，把它平均分成两个正方形，求每个正方形的周长。

显然，该问题的关键是求出正方形的边长，也就是先求出长方形的宽。学生很快求出了：长+宽=24÷2=12厘米，但求宽时，却一筹莫展。有的学生大胆地猜到了答案，但却无法条理清晰地解释为什么。最后，还是图形最能破疑解惑！学生的思维过程可用图14、图15表示。接着，教师可引导学生将宽AB绕点A顺时针旋转90度得到线段AC，此时，线段AC就与线段AD拼成了一整段CD（见图16），又因为长AD恰好是宽AC的2倍，所以，一组长加宽的和就相当于是三条宽的和，即长+宽=3×宽=12（厘米），因此，宽=12÷3=4（厘米）。

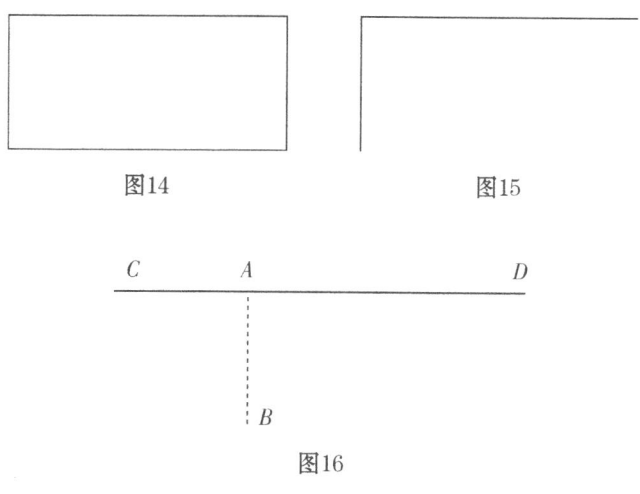

图14   图15

图16

3. 学会数形结合

在义务教育阶段，许多重要的数学内容、概念都具有"数"和"形"两方面的本质特征，学会从这两个方面认识这些数学对象是非常重要的，即数形结合既是认识数学的基本角度，也是认识数学的思想方法。当然，数形结合首先是对知识、技能的贯通式认识和理解，以后逐渐发展成一种对数与形之间的化归与转化的意识，这种对数学的认识和运用能力是必需的。

例6：大多数学生在刚刚开始学习如何求长方形的周长时，都习惯于直接将四条边加起来，而好一点的，也只是用"长×2＋宽×2"来算。对于用"（长＋宽）×2"来算，学生并不理解，也很难接受。为了突破该难点，教师可数形结合，边讲边画。先用蓝色粉笔表示两条长，再用红色粉笔表示两条宽（见图17），然后，将长方形的四条边拆开，分成两组，每一组都是长＋宽（见图18），在图形的辅助理解下，学生自然也就很快明白了"（长＋宽）×2"的算理。真弄明白算理后，不用老师教，学生自然也会把这种"分组"的解题策略和思维迁移到"平行四边形的周长的求解"上来。

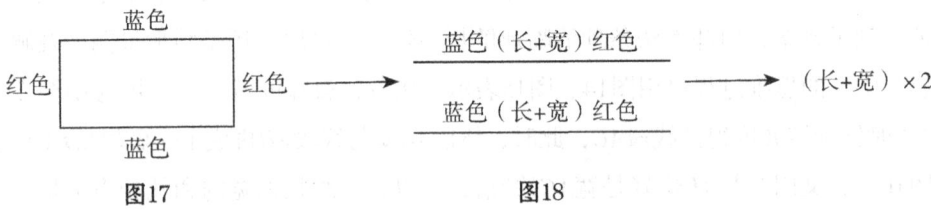

图17　　　　　　　　　　　图18

例7：两个边长均为10厘米的正方形纸片拼成一个长方形，这两个正方形纸片的周长之和减少了多少厘米？

大多数学生的解法是$4×10×2-（20+10）×2=20$（厘米）。

但如果数形结合，那就能很快求解了。将图19中的两个正方形按红色边对拼，得到图20。显然，根据图形周长的概念，中间两条红色边的长度，恰是减少的部分。所以，最优解是$10×2=20$（厘米）。

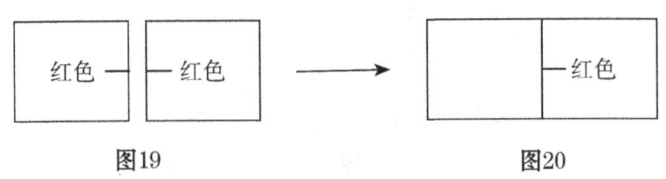

图19　　　　　　　　　　　图20

例8：将一张边长为10厘米的正方形纸片，对折后，得到一个长方形，求该长方形的周长。

绝大多数学生都因"对折"而上当，列式为4×10÷2=20（厘米）。

究其原因，学生还是没有围绕周长概念的本质属性来展开思考。而要想把问题搞清楚，就必须折纸或画图，数形结合才能真正解答问题。如图21所示，将正方形ABCD沿直线EF对折后，得到长方形AEFD。由对折得AE=EB=AB÷2=10÷2=5（厘米），而AD=10（厘米）不变，所以，长方形AEFD的周长为（10+5）×2=30（厘米）。这相比原来正方形ABCD的周长仅仅减少了10厘米，而并非减少了一半。因为在这个变化过程中，长BC=EF没有变，因此长方形AEFD的周长仅仅只是比正方形ABCD的周长少了"BE和CF"这两段的长度。而这两段长由于"对折"，恰好可拼成正方形ABCD的一条边长，故该长方形AEFD的周长也可列式为4×10−10=30（厘米）。

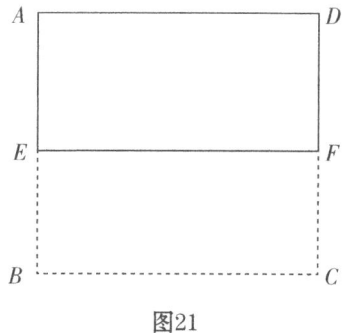

图21

4. 运用基本图形

在教学中，要有意识地强化学生对基本图形的掌握和运用，使学生学会不断地运用这些基本图形去发现、描述问题，理解、记忆结果。这应该成为教学中需要关注的目标，应该作为一项教学任务，贯穿整个数学教学、学习的始终。尤其是到了中学阶段，不论是计算还是证明，常常都要用基本图形去分解一些形形色色的复杂图形。

例9：教材第46页中，练一练第2题：求图22的周长。（单位：厘米）

学生在解答该题时，大多数是一条一条慢慢加，这不仅很浪费时间，而且也很容易出错。但如果能引导学生仔细观察，将不规则的图形转化为几个简单

的基本的规则图形，那么或许会收到事半功倍的效果。将图22中间的两根线段向外平移，与其他蓝色线段拼成一个长方形，再将中间四根等长的线段拼成一个正方形（见图23）。那么，该图形的周长就转化为一个长方形与一个正方形的周长之和，列式为（5+4）×2+2×4=26（厘米）。

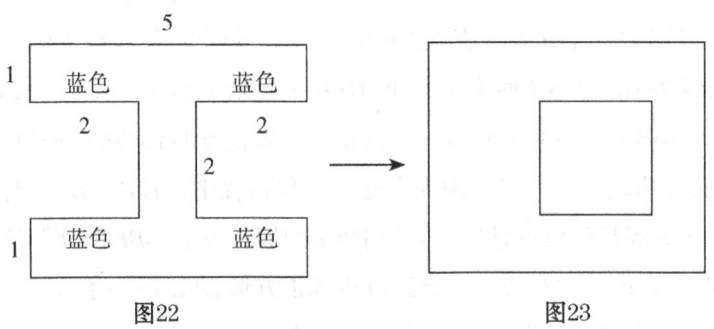

图22　　　　　　　　　　图23

例10：如图24所示，在周长为12厘米的等边三角形的三条边上，分别向外作三个正方形，求这整个图形的周长。

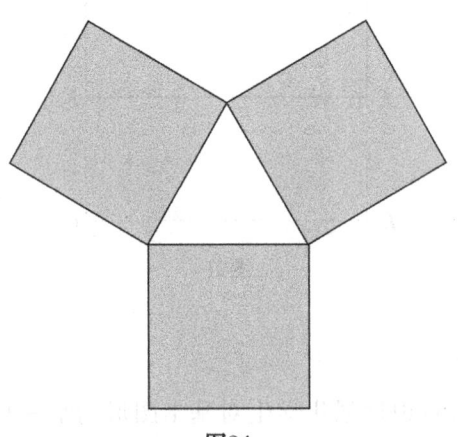

图24

学生中，所能想到的最快解法是12÷3×9=36（厘米），而教师可以更胜一筹：直接跳过"求等边三角形的边长"这一步，列式为12×3=36（厘米）。为什么可以这样做呢？细心观察图形，不难发现：图24中，正方形与等边三角形的边长相等，每个正方形只有外部三条边对周长是有贡献的，而这三条边又恰好拼成一个等边三角形。所以，整个图形的周长就恰好等于三个等边三角形的周长之和。

五、展望

综上所述，学生的几何直观能力主要是借助图形来进行培养的。图形可以把困难的数学问题变容易，把抽象的数学问题变具体。所有学科中，除了美术，只有数学把图形作为基本的、主要的研究对象。学会用图形思考、想象问题是研究数学也是学习数学的基本能力。在"几何—图形—直观"这一关系链中，无不体现了"直观中有逻辑，逻辑中有直观"。笔者就"周长"这一单元，浅谈了学生几何直观能力的培养，那么，在其他数学领域，又应该如何培养学生的几何直观能力呢？这是有待思考和继续研究的问题。

参考文献

［1］中华人民共和国教育部.义务教育数学课程标准（2011年版）［M］.北京：北京师范大学出版社，2012.

［2］许良英，范岱年.爱因斯坦文集（第一卷）［M］.上海：商务印书馆，1976.

［3］陈晓梅，何凤波.义务教育教科书数学三年级上册［M］.北京：北京师范大学出版社，2014.

［4］冯玉新.紧扣概念本质精心组织活动——以"认识周长"教学为例［J］.小学教学参考，2016（29）.

打造精彩的课堂，培养创新能力

韶关市始兴县高峰小学　张晓艳

创新是一个民族进步的灵魂，是一个国家兴旺发达的不竭动力，一个没有创新能力的民族，难以屹立于世界先进民族之林。数学是基础教育的基础学科，也是培养学生创新意识和创新能力的奠基学科。小学数学教学中，加强和落实创新教育，是每位教师义不容辞的职责。如何实施创新教育？这当然是仁者见仁智者见智的问题。基于此，笔者想在此搭建互动交流的平台，展示自己的教学实践和教学见闻，与大家共勉。

一、在对话中学数学——创新的动力

《义务教育小学数学课程标准》强调："教师的职责已经越来越少地传授知识，而越来越多地激励思考……他必须集中更多的时间和精力去从事那些有效果的和有创造性的活动。"这段话形象地揭示了课堂教学实质上是一个充满生机和活力的师生平等对话的过程。按照雅斯贝尔斯的说法，"对话是真理的敞开和思想本身的实现"，是一种"在各种价值相等、意义平等的意识之间相互作用的特殊形式"。

教师和学生对话是对传统课堂理论的一种超越。孔子曰："亲其师，信其道。"师生感情亲近了，学生才会对数学产生积极的情感与态度。古希腊哲学家苏格拉底经常用对话的方式引导学生领悟真理，我们在教学中也应该像苏格拉底一样走下神坛，成为学生学习的辅导者、援助者、服务者。在对话中，教师和学生都成了课堂的组成部分，构筑起共同探讨的平台。

案例1：《圆的认识》教学片段精彩回顾

师：（诚恳）我想请大家在自己画的圆中画半径，画得越多越好。

（学生兴高采烈地画，但随着时间的流逝，有不少学生停笔了。）

师：（微笑）怎么了？我可没叫你们停笔，继续画呀！最好把它们都画出来。

（学生提笔继续画，但动作极慢，而且极不情愿。）

师：（得意）看样子，你们好像对老师的要求有意见，有什么意见尽管说出来，我愿意洗耳恭听。

生：（气呼呼）无聊！圆中有无数条半径，不可能把它们都画出来。

师：你们都相信吗？（学生答"相信"）如果要在圆中画无数条半径的代表，画几条比较合适呢？

生：一条。

师：为什么呢？

生：因为在同圆或等圆中所有的半径都相等。

师：（微微地摇头）我不相信。

生：（迫不及待）可以用尺量。（此生话音未落，另一生抢着喊道）用不着量，因为我们用圆规画圆时，圆规两脚之间的距离是固定的，这个固定的距离就是圆的半径。

……

在学习圆的半径特征的过程中，既能用充足的时间让学生亲身体验，又从独特的角度提出问题，切中问题的要害，不断给学生的思维注入新的兴奋点。在看似平淡无奇的师生对话交流中，触及了知识的本质，重视了推理能力和创新思维能力的培养，真可谓"忽如一夜春风来，千树万树梨花开"！

二、在操作中学数学——创新的源泉

数学是思维的体操。心理学研究表明：思维从动作开始，儿童可以理解的首先是自己的动作。动手操作是学生从未知到已知的自主探究的过程，它不但是学生获得感性认识、掌握知识的探究方式，而且是为了追求某个结论而经历挫折与失败的实践过程，从而使学生尊重事实、注重独立思考和端正研究态度，有利于学生思维的发展和创新精神的培养。

案例2：《6的认识和加减法》教学片段精彩回望

师：这节课老师想通过一项精彩的活动看看谁的小手最灵巧，谁的思维最敏捷。这个精彩的活动就是把你手中的小棒摆成两堆，看看有几种摆法。

（学生津津有味地动手操作。）

生1：我左边摆1根，右边摆5根。

生2：我左边摆5根，右边摆1根。

生3：我左边摆3根，右边也摆3根。

生4：我左边摆2根，右边摆4根。

生5：我左边摆4根，右边摆2根。

师：同学们的摆法真可谓是"条条大路通罗马"啊，你们能联系摆小棒的过程说说"和是6"的摆法吗？最好把你的理由也说出来。

生1：我发现左边摆1根、右边摆5根与左边摆5根、右边摆1根组成的和都是6，但这两种摆法思考的角度不同。

生2：我发现左边摆2根、右边摆4根与左边摆4根、右边摆2根组成的和也都是6，只不过是摆的位置不同。

师：哦，说得详细而正确！你们再仔细观察，看看能不能从中找出和是6的规律？

（学生开始寻宝似的观察。）

生1：我发现了其中的一个规律，因为1+5=6，2+4=6，3+3=6，4+2=6，5+1=6，这是从"1"到"5"，分别加一个数的和等于"6"。

生2：我发现5+1=6，4+2=6，3+3=6，2+4=6，1+5=6，按照从大到小的顺序，从"5"到"1"，和是一样的。

众多的实践证明，动手操作教学中蕴含着巨大的生命活力，自由地操作是学生创新的天地。试想，如果教师包办代替学生的操作或象征性地示范，学习由此变得呆板、枯燥，学生从而丧失了学习的兴趣和求知的欲望，久而久之，变得循规蹈矩，不敢逾越雷池一步，哪来的想象力和创造力？

上例教学片段中，教师没有按照传统的教学方法向学生灌输如何分解"6"的知识，再把每种分解式写在黑板上让学生记熟，而是运用新课程理念，把学习的主动权还给学生，把课堂实践的空间还给学生，让学生大胆探索、实践、创新。这样，学生不仅认识了6，掌握了6的分解和组成规律，而且学会了从不同的角度分析问题、思考问题，在"润物细无声"的境界中培养了学生的思维能力和创新能力，使课堂呈现出"春色满园关不住，一枝红杏出墙来"的精彩景象。

三、在生活中学数学——创新的乐土

《小学数学课程标准》指出："教师应充分利用学生的生活经验，设计生动、有趣、直观、形象的数学教学活动，让学生在生动具体的情境中认识和理解数学知识。"生活永远是课程资源的源头活水。人民教育家陶行知先生提出，"我们的实际生活就是我们的全部课程""没有生活做中心的教育是死教育"。我们必须开发和利用校内外一切生活化的课程资源，通过校内外沟通、课内外沟通等方式，将生活问题提炼成数学问题，形成数学教学的新格局，让数学课堂成为教师创造性地教、学生创造性地学的生活乐园！

案例3：《小数的意义》教学片段精彩回放

教师把一些人民币放在讲桌上，用投影仪出示一组商品的名称及价格（见表1），鼓励学生按商品的价格付钱。

表1

商品名称	书 包	钢 笔	直 尺	圆珠笔
商品单价	15元	4元	0.5元	0.8元

师：在日常生活中我们都去过商店买东西，我开了一间非常简易的文具店（学生笑了），请你们再做一回顾客，看看买这些文具你有多少种付钱方法。

……

师：如果你买一把直尺，该怎样付钱？

生1：我付五个一角的。

生2：我的付钱方式最简单，我付一个五角的。

师：你们的付钱方式真是五花八门，而且都是正确的，如果要买一支圆珠笔该怎样付钱呢？

生1：我付一个五角的，三个一角的。

师：谁还有与众不同的付钱方式？

生2：我付的是八个一角的。

……

师：表格左边两种商品的单价大家非常熟悉，都是整数，右边两种商品的单价看来大家也并不陌生，都是小数。这两个小数分别读作零点五和零点八，同学们会用付钱的方式表示这两个小数，明确了0.5元表示5角，0.8元表示8角。接下来我们进一步认识小数……

教学中教师从学生熟悉的实际生活情境出发，从文具店的直尺和圆珠笔出发，让学生做一回顾客，去激活学生已有的生活经验，使学生通过付钱这一操作活动自然而然地认识一位小数，并说出实际意义，从而把新知纳入学生头脑中已有的认知体系中。同时，通过0.5元与0.8元的几种不同的付钱方式，让学生多了一点活动的时间和表现自我的机会，体验到成功的喜悦，使学生深刻地感受到：数学就在我们的生活中——数学要学，数学能帮助我们解决身边的问题——数学有用。更重要的是为进一步领悟小数的意义创设了"欲穷千里目，更上一层楼"的境界。

"海阔凭鱼跃，天高任鸟飞"，只要我们紧扣"解放理论"，解放学生的嘴巴、双手、时空以及大脑等，学生就会展开思维的翅膀，在知识的海洋里尽情地遨游，在创新的天空中愉快地翱翔，学生就会在"精彩的课堂，创新的乐园"里体会到"今年花胜去年红，可惜明年花更好"。

小学数学综合与实践课教学策略初探

韶关市武江区至和汤邓淑芳纪念学校　张玉辉

　　"综合与实践"是指以问题为载体，以学生自主参与为主的学习活动。它是实现"积累数学活动经验、培养学生应用意识和创新意识"等数学课程目标的重要的和有效的载体。所以教师在这一学习活动中，应引导学生经历发现问题，选择自己要解决的问题，把实际问题转化成数学问题，设计解决问题的方案，挑选合作的伙伴，高效地呈现实践成果等过程。在这个过程中需要学生综合运用"数与代数""图形与几何""统计与概率"等知识和方法解决问题，即综合与实践强调的一点：重在综合。同时在这一过程中，教师还应该激起学生兴趣，引导学生自主参与，鼓励学生积极地让脑、手、口一起动起来，即综合与实践强调的另一点：重在实践，通过实践活动培养学生的逻辑能力、抽象能力、创新能力和应用能力。所以教师在开展上述活动时，应该认真研究，读懂教学用书、读懂教材、读懂学生（简称"三懂"），根据"三懂"精心设计教学环节，做好充分准备，在活动过程中进行有效指导，让学生开展反思和相互评价活动，从而调动学生参与实践活动的主动性，开展有效、实际的"综合与实践"的活动课。下面我结合自己的教学实践，谈谈小学数学综合与实践有效开展的几点探索。

一、精心设计活动环节，结合实际调整活动时间

　　"综合与实践"活动有别于学习其他具体知识的探索活动，更有别于课堂上教师的直接讲授，教师在活动中通过问题引领，让学生全程参与实践活动，在发现问题和提出问题、分析问题和解决问题的过程中，感悟数学各部分

之间、数学与生活及其他学科之间的联系。因此，教师的教学活动环节就更要精心设计，尽量做到环环相扣，层层递进，达到教学的目的。如四年级上册的《滴水试验》，我在阅读了教材、教学用书，参考了相关资料的基础上，结合学生的实际，精心设计了五个教学环节：

（1）观察滴水现象，提出数学问题，明确活动任务。

（2）谈论实验思路，确定实验步骤，形成实验方案。

（3）小组分工合作，动手实验，收集数据，计算得出结论。

（4）交流分享实验结果，借助生说经验描述数据，阅读资料反思浪费现象。

（5）进行自我评价、反思，提升改进。

"提出任务—设计方案—动手实验（收集数据）—交流反思（解释数据）—自我评价"这五个环节给学生的探究活动提供了有效途径，培养了学生独立思考的能力，丰富了学生解决问题的策略，促进了学生创新精神和实践活动能力的发展。

《义务教育小学数学课程标准（2011年版）》指出"学生应当有足够的时间和空间经历观察、实验、猜测，计算、推理、验证等活动过程"。众所周知，一节课只有40分钟，区区40分钟是不能够让学生完成实践与综合的全过程的。如何让学生经历相对完整的过程，不至于发生活动没有完成下课铃声就已响起，导致后面的活动无法连贯完成的情况呢？基于这一思考，我在上《滴水试验》这一课时，提前与其他老师调整课表，两节课连上，根据课堂上的学习进度，弹性地使用了时间。这一课时的调整，让学生经历了实验探究的全过程，积累了"从头到尾"的教学活动经验。

二、充分准备活动材料，确保活动正常有序开展

"综合与实践"活动特别突出"做"，提倡"做中学"，在"做"的过程中提高学生学习的兴趣，加深学生对数学本质的认识。正因为学生要在"做"的活动中感受数学、了解数学，因此在活动中教师应该提供大量的活动工具和活动材料给学生"做"，让学生在"做"中"学"，在"做"中理性认识数学。教师在每一次活动前就应该根据设计好的教学活动环节，准备好充足的活动材料和活动工具，确保实践活动的正常有序开展。如一年级的"分扣子"，

必须给学生准备充足的扣子；三年级的"校园测量"，必须让学生准备好测量工具、表格等；四年级的"滴水试验"，给学生准备矿泉水瓶、一次性杯子、带有刻度的杯子等。

由于多数的实践活动需要分组，为了避免课堂上浪费时间或考虑不周，课前我就进行合理的小组分工。如"校园的测量"这一课，在教学前，我根据测量活动的需要，把学生分成每4人一组，安排好组长，让组长管理测量工具，并对组员进行了合理分工，比如，谁负责测量，谁负责读数，谁负责记录，等等。事实证明，课前明确分工，节省了测量活动的时间，确保了任务的按时完成，并能进行充分交流，达到了很好的效果。

三、关注学生活动过程，适时、适度、适当进行指导

在进行"综合与实践"活动的过程中，学生离不开观察、思考、操作、计算、交流等活动。学生在这些活动中，会遇到这样或那样的问题，由于受年龄、心理、知识等的限制，往往不能做出正确的判断与推测、验证，这就需要教师在活动过程中，关注学生的活动情况，适时、适度、适当地对学生进行有效的指导。比如一年级的"分扣子"，这一活动的目的是让学生结合分扣子的实践活动，了解分类是需要标准的，知道不同的分类标准结果是不同的。由于学生年龄小，当教师出示扣子时，他们会把更多的注意力放在"扣子好漂亮""怎么用来上课呀？""可以怎么玩？"上，这时教师应适时引导学生明白：扣子用来研究数学，要按一定的标准分类。学生从"漂亮""好玩"过渡到"原来还可以用来学习数学"，一下子就会产生探究的好奇心。怎样按标准分类？学生的心理年龄决定他们一开始是体会不到的，这时教师应适时指导学生观察、思考、讨论。在操作时，当有些学生操作不得法时，教师应适度引导学生，给学生做适当的示范。在组织学生交流时，学生会出现不同的分类，且没有次序，这时教师应适当指导学生这样思考：先选择一个指标作为分类标准，如先关注形状，在此基础上，再进一步选择两个指标作为分类标准，如进一步关注形状和颜色，最后选择形状、颜色、扣眼数，这样就避免了出现混乱的情况。

四、注重学生活动实况，激励学生进行反思评价

心理学家伯恩斯在1982年指出，儿童对于自己的期望是在自我概念的基础上发展起来，并与自我概念相一致的，其后续的行为也决定于自我概念的性质。M.罗森堡也明确指出，反省过程涉及自我概念：自我概念是反省活动的产物。这个产物具体地说是个体所具有的关于他自己的、作为一个生理的、社会的、道德的和存在着的人的概念。因此，自我概念是个体关于自己作为客体的思想和情感的总和。它包括个人同一性在时间和空间上的连续感，包括本质自我同单纯的外表和行为的区别，并且由各种态度、信念、价值观、体验以及各种评价成分和情感成分（诸如自我评价和自我新生）所组成，个体以此确定自己。

从这个意义上来说，在学生学习的过程中通过自我评价和学生之间的评价引导他们形成积极的自我概念非常重要。因此，在教学中教师要给学生提供表现自己所知所能的各种机会，创设和谐环境，通过评价形成学生自我认识和自我教育、自我进步的能力。在"综合与实践"的教学过程中，由于学生的个体差异，学生在活动中所获得的成果也是因人而异的，如何让学生积极参与，满怀信心迎接活动中的挑战呢？我认为：由于"综合与实践"活动课经常以小组的形式进行，学生之间的互动是最频繁的，生生之间对对方参与学习过程的程度最清楚，最了解。教师可以针对"综合与实践"活动的主题制作一些过程性评价表格，让学生对照表格，对自己进行反思、对同伴进行评价，让学生看到自己的"闪光点"，更愿意、更自信地参与活动。以下两张表是学生自我反思评价表（见表1、表2）

表1　二年级的"班级旧物市场"的自我评价表

在这次活动中，我的表现是		
认真思考问题	☺	😐	☹
能够与同学交流合作	☺	😐	☹
能够准确运用所学知识解决问题	☺	😐	☹

表2 四年级上册的"滴水试验"的自我评价表

设计实验方案合理可行	☆☆☆☆☆
得到的实验数据合理可信	☆☆☆☆☆
小组分工合理，积极参与活动	☆☆☆☆☆
能用得到的数据解决问题	☆☆☆☆☆
能积极与同伴进行交流	☆☆☆☆☆

事实证明，这种评价更能让学生接受，更能使学生产生良好的情感价值导向。

总之，开展"综合与实践"课时，一定要以《小学数学课程标准》为依托，关注学生的学习方式、成长过程，为学生终身发展奠定基础。以上所述，是我这几年对"综合与实践"活动课的一点点认识和做法，如何更有效地开展综合与实践活动课，促进学生的数学素养、素质的全面提高，还需要在教学实践中进一步研究和探索。

参考文献

[1]肖川，欧阳新龙.义务教育数学课程标准（2011年版）解读［M］.武汉：湖北教育出版社，2011.

中 篇

教学设计

"圆的面积一"教学设计

韶关市翁源县龙仙第二小学　胡秀云

【教学内容】

六年级数学上册第一单元《圆的面积》P14。

【教学目标】

1. 认知目标

使学生理解圆面积的含义，掌握圆的面积公式，并能运用所学知识解决生活中的简单问题。

2. 过程与方法目标

经历圆的面积公式的推导过程，体验实验操作、逻辑推理的学习方法。

3. 情感目标

引导学生进一步体会"转化"的数学思想，初步了解极限思想；体验发现新知识的快乐，增强合作交流意识和能力，培养学生学习数学的兴趣。

【教学重难点】

重点：掌握圆的面积的计算公式，能够正确地计算圆的面积。

难点：理解圆的面积的计算公式的推导过程。

【教学准备】

相应课件、圆的面积演示教具。

【教学过程】

（一）复习导入

1. 复习圆周长公式

（1）指名回答。

（2）引出面积计算的必要性，理解圆面积的概念。

（二）探究合作，推导圆面积公式

1. 渗透"转化"的数学思想和方法

圆的面积怎样计算呢？计算公式又是什么？你们想知道吗？

我们先来回忆一下平行四边形的面积是怎样推导出来的。圆能转化成我们学过的图形吗？

2. 合作探究，体会把圆转化成学过的平行四边形

（1）活动一：利用8等分的圆片拼一拼。

合作要求：

① 同桌合作，利用桌面上8等分的圆纸片拼一拼，看看能拼成什么样的形状，转化后形状变了，什么没变。

② 展示并汇报，说说是如何拼的。

（2）活动二：利用16等分的圆片拼一拼。

合作要求：

① 同桌合作，利用桌面上16等分的圆片，再拼一拼。

② 思考：如果把圆等分的份数越多，拼出的图形会越接近什么形状？

（3）课件演示圆32等分后拼出的效果。

3. 学生合作探究，推导公式

（1）讨论探究，出示提示语。

师：请与同桌根据刚才拼出的结果讨论讨论，完成下面四个问题。

① 如果把圆等分的份数越多，拼出的图形会越接近（　　　）形。

② 这个拼成的近似的平行四边形的面积与原来的圆的面积有什么关系？

③ 转化后近似平行四边形的高相当于圆的（　　　），底相当于圆的（　　　）？

④ 你能从平行四边形的面积公式推导出圆的面积的计算公式吗？

学生汇报结果。

（2）师生共同完善圆面积计算公式。

（3）揭示字母公式。

师：如果用S表示圆的面积，那么圆的面积计算公式就是$S=\pi r^2$。

（4）齐读公式。

从公式上看，计算圆的面积必须知道什么条件？在计算过程中应先算什么？

（三）运用公式，解决问题

（1）一个圆的半径是4厘米，它的面积是多少平方厘米？

①学生尝试独立完成。

②指名汇报。

（2）一个圆形花坛的直径是20m，我们该怎样求它的面积呢？

①学生尝试独立完成。

②指名汇报。

（3）求下面各圆的面积。

①已知一个圆的半径是1厘米。

②已知一个圆的直径是4厘米。

（4）判断对错。

①圆的半径扩大3倍，周长也扩大3倍。　　　　　　　　　　　（　　　）

②圆的半径扩大3倍，面积也扩大3倍。　　　　　　　　　　　（　　　）

③半径是2厘米的圆的周长和面积相等。　　　　　　　　　　　（　　　）

（四）课堂总结

通过这节课的学习，你有什么收获？

（五）布置作业

教材16页练习一：第1、3、4题。

"字母表示数"教学设计

韶关市翁源县龙仙第二小学　胡秀云

【教学内容】

北师大版小学数学四年级下册第60～61页《字母表示数》。

【教学目标】

1. 知识与技能
会用字母表示数、常用的运算定律、公式和简单的数量关系。

2. 过程与方法
通过情境引导学生探索、体会用字母表示数的意义，通过探索用字母表示数的过程，发展学生的抽象概括能力、合作交流能力，使学生初步感悟代数思想。

3. 情感、态度与价值观
感受数学符号的简洁美，激发学生对代数知识的兴趣和主动探索、团结合作的精神，进一步发展学生的数感、符号感。

【教学重难点】

重点：会用字母表示数和简单的数量关系。

难点：理解用字母表示数的意义。

【教学准备】

扑克牌、课件、学生练习纸。

【教学过程】

（一）联系生活激发兴趣

1. 出示如下扑克牌

红桃A、红桃J、红桃Q、红桃K让学生说说各表示多少？

2. 找规律

（1）1，2，3，4，a，6，7　　　　$a=$（　　　）

（2）$n+n+n+n=12$　　　　　　　$n=$（　　　）

（3）$8×K=40$　　　　　　　　　$K=$（　　　）

板书课题：用字母表示数。

（二）自主探究合作学习

儿歌导入，初感新知。

（1）今天，老师给大家带来了一首很有趣的儿歌，我们一起说好吗？

1只青蛙1张嘴，2只青蛙2张嘴，3只青蛙……（课件演示）

4人小组里接着往下说……提问：这首儿歌能说完吗？

（2）你能用一句话说完刚才的那首儿歌吗？

先独立思考写在练习纸上，再在小组里交流。

（3）小组汇报。

n只青蛙n张嘴。

无数只青蛙无数张嘴。

a只青蛙a张嘴。

（4）展开交流统一结论。

n只青蛙n张嘴。

（三）自主探究，建构新知

1. 认识用字母或含有字母的式子来表示数

（1）指名提问：你叫什么名字？今年几岁了？

板书学生名字及年龄。

老师比同学大32岁，你知道老师今年多少岁了吗？怎样计算？想一想，当你1，2，3，a岁时，老师的年龄该怎样计算？

（2）学生填表、汇报。

提问：在这里a表示什么？a+32又表示什么？a可以是几呀？（任何一个自然数）a可以等于200吗？为什么？讨论出字母的取值问题，引导学生知道生活中数学的实际意义。

（3）继续探究：同学的年龄除了用字母a来表示，还可以用什么字母来表示？这时老师的年龄又该怎样表示呢？

同桌交流、提问：如果用字母b来表示老师的年龄，这时该怎样表示同学的年龄呢？

想想看，为什么这样表示？

2. 认识用字母或含有字母的式子来表示数量间的关系

（1）小组合作，动手操作，主动探究：同学们，现在老师要交给你们一项任务，有信心完成吗？听好要求：用自己准备的火柴棒摆三角形，边摆边完成汇报表（见表1）。摆一个三角形要用3根小棒。摆这样的2个三角形要用几根小棒？怎样计算？那么摆这样的3个、4个、5个三角形，各要用几根小棒？怎样计算？（发表、填写表格）

表1

三角形个数	小棒根数
1	1 × 3
2	（ ）×（ ）
3	（ ）×（ ）
…	…

（2）小组汇报，提出问题：这样一直摆下去，可以摆出几个三角形？

看来三角形的个数是不断变化的，那如果用a表示三角形的个数，那么摆a个三角形要用小棒的根数该怎样表示呢？（板书：$a \times 3$）

（3）介绍含有字母的乘法式子的简写方法和读法。通常写作：$3 \cdot a$或$3a$，数一般写在字母的前面，读作：3乘a或3a。

3. 练一练

$e \times 8$ $12 \times y$ $8+e$ $a \times f$

思考：8+e可以写成8e吗？（只有乘法才可以省略乘号）

（四）巩固练习，应用新知

1. 儿歌接力赛，巩固练习

（1）刚才我们一起念了儿歌的前半句，老师看得出大家都觉得不过瘾，现在我们把难度加大，把这首儿歌念完整。

出示游戏规则：以小组为单位，每人说半句，说错或超过五秒的同学被淘汰出局，剩下的同学接着玩，最后一名同学获胜，每组只玩一次。

以小组为单位进行儿歌接力赛，教师巡视指导。

（2）汇报交流。

讨论交流：能不能也用一句话把这首儿歌说完？

小组交流，根据学生汇报得出：

n只青蛙n张嘴，$n \times 2$只眼睛$n \times 4$条腿。

师：$n \times 2$和$n \times 4$分别表示什么的数量？为什么要用n乘2和乘4呢？有的同学数得既快又准，有什么方法或者窍门吗？

儿歌就可以简写为：n只青蛙n张嘴，$2n$只眼睛$4n$条腿，并板书出示。

小结：用字母可以表示数，含有字母的式子也可以表示数量间的关系。（板书：表示数量间的关系）

2. 结合生活，巩固新知

（1）1只手5个手指头，2只手5×2个手指头，a只手（　　　）个手指头。

（2）76年才露一面的哈雷彗星，公元n年出现后，再一次出现在星空将是公元（　　　）年。

（五）课堂作业，拓展延伸

课件出示以下练习：

在情境中完成你问我答练习。

（1）一只小熊玩具卖8元，小华买了m个。

（学生提出数学问题并解答。问：m可以表示什么数？）

（2）一只小熊玩具卖8元，一只小兔玩具卖b元。

师：你能根据这两个条件提一些数学问题吗？

同桌之间玩"你问我答"的游戏。（结果用含有字母的式子表示）指名汇报。

小结：含有字母的式子可以表示相加、相减、相乘和相除。

（六）总结全课，画龙点睛

问：这节课玩得开心吗？请谈谈你的收获，你觉得用字母表示数有什么好处？

（七）布置作业

课堂作业：教材87页第一题。

"去游乐场"教学设计

韶关市翁源县龙仙第二小学　胡秀云

【教学内容】

北师大版三年级数学上册第四单元乘法P37～P38"去游乐场"。

【教学目标】

1. 知识与技能

探索并掌握两位数、三位数乘一位数（进位）的计算方法，并能正确地进行计算。

2. 过程与方法

经历算法探究过程，体验乘法计算过程和方法；运用迁移、类比和推理的方法，解决实际问题。

3. 情感、态度与价值观

培养学生探索能力，让学生积极参与知识的形成过程。

【教学重难点】

重点：探索并掌握两位数、三位数乘一位数（进位）的计算方法，并能正确地进行计算。

难点：在具体情境中，能运用不同的方法解决生活中的简单问题。

【教学准备】

幻灯、挂图、小黑板。

【教学过程】

（一）情境引入

师：同学们，国庆节你去过什么地方玩？有谁去过游乐园？

（指名回答。）

师：游乐园里有哪些好玩的？

（指名回答。）

师：听了同学们的介绍，老师觉得同学们玩得真开心。我们学校三（1）班的同学也组织了一次集体活动，他们去哪儿了？请看大屏幕。（引导学生仔细观察主题图）

（二）学习新课

1. 找出相关的数学信息

师：从图中你看到了哪些数学信息？

生：他们去了游乐场，在售票处写着：太空船每人4元，蹦蹦床每人3元，电动火车每人2元。他们一共16人。

2. 提出问题

师：根据以上信息，结合你的预习你能提出什么问题？

生：16人玩太空船需要多少钱？

生：16人玩蹦蹦床需要多少钱？

生：16人玩电动火车需要多少钱？

……

师：这么多的数学问题，我们先来解决"16人坐太空船需要多少钱？"这个问题。

请同学们先自己独立思考解决，并在本子上列出算式解答，做好的同学可以和你小组的同学交流你的想法，也可以动笔写出来和同伴交流一下。

（学生小组合作探究，教师巡视。）

小组派代表反馈。

师：请小组派代表上台展示自己的算法。

生1：我是用口算来解决这个问题的，10×4=40，6×4=24，40+24=64。

生2：我也是用口算来解决的，16×4=64。

生3：我是用连加来计算的，16+16+16+16=64。

生4：要求"16人玩太空船需要多少钱？"列式是16×4。我们是利用竖式来计算的。

教师指定竖式板演，让板演的学生介绍竖式计算方法："竖式是怎样书写的？计算过程是怎样的？"然后让不清楚的学生向板演的学生提问。（多让几名学生发言）

算理：末位对齐，从最低位算起，用个位的4乘6等于24，满20要向十位进2，所以把进位的2写在十位的下面，但要写小一些，把4写在个位上。接着用十位的1与4相乘，得4个10，再加上刚才进上来的2个10，所以得到6个10，合起来是64，所以16乘4等于64。

师：同学们开动脑筋，想出了这么多的方法，你认为哪一种更好呢？

生：我觉得用口算很方便。

生：我认为用竖式计算既快又正确。对于16×4这道题我们可以用口算，但是如果遇到比较大的数相乘，如96×8，516×7这样的题目，就不好用口算了。

师：说得真好！我们在解决问题时要选择合适的方法。

（课件出示：你会计算下面各题吗？请用竖式在本子上计算？）

19×5　4×23

师：那么，刚才我们提出的问题中你喜欢解决哪个问题？你会独立解答吗？请你在本子上列出算式并用竖式解决你喜欢解决的问题。

学生独立解答。指定学生板演，再集体订正。注重学生对算理的理解。

3. 完成试一试

（1）让学生分组练习，再小组交流说一说是怎样想的。

（2）讨论：今天学习的乘法竖式与前面学习的有什么不同？在用乘法竖式计算时，我们应该注意什么？

（3）反馈并总结：①末位对齐，从最低位算起；②用一位数依次乘两位数的每一位，所乘得的积就对准那一位；③哪一位乘积满几十，就向前一位进几，并做上记号。

（三）练习巩固

师：同学们都非常棒！下面，我们通过一些习题来巩固所学的知识。

1. 判断错误

判断3道竖式题，并用算理纠正错误。

2. 教材P38第3题学生读题，从图中找信息

师：解决这个问题需要几步？哪几步？学生独立完成，小组交流后汇报。

3. 教材P38第4题

学生先独立解决，再全班订正。

（四）课堂总结，拓展延伸

通过今天的学习，同学们学到了哪些知识？有什么收获？（教师指导全班学生交流学习心得）

（五）作业布置

教材P38第1题。

"图形的旋转"教学设计

韶关市翁源县龙仙第二小学　胡秀云

【教学内容】

六年级下册"图形的旋转"的内容。

【教学目标】

1. 知识目标

掌握旋转的有关概念,认识图形旋转的三要素(中心点、方向、角度),能用三要素描述一个旋转,能在方格纸上画出把简单图形旋转90度后的图形。

2. 能力目标

通过观察、操作、合作、交流等过程,培养学生的观察能力、动手能力、合作交流能力,使学生体会旋转变换对图形变化的重要性。

3. 情感目标

通过欣赏旋转之后的美丽图案感受数学之美。

【教学重难点】

重点:旋转的有关概念,能在方格纸上画出把简单图形旋转90度后的图形。

难点:动手操作,正确画出简单图形旋转后的图形。

【教学过程】

（一）创设情境，谈话引入

（1）课件展示一些生活中物体运动的图片，思考哪些是平移，哪些是旋转。

（2）用自己的话说说什么是旋转？

（3）揭示课题：进一步研究"图形的旋转"。

（二）探究线的旋转

（1）用笔表示一条线段，做一个旋转的动作，思考：同学们做的旋转有什么共同之处？（中心点）

（2）教师演示直尺的运动，让学生思考：这是不是旋转？为什么？

（3）学生用自己的话说什么是旋转。

（4）老师做一个旋转，你能不能做一个与老师不同的旋转，说说不同在哪里？（方向、角度）

（三）探究平面图形的旋转

（1）课件出示：方格纸上的三角形AOB，并演示旋转的过程，如图1所示。请同学说说这个三角形是怎样运动的？你是怎么看出来的？

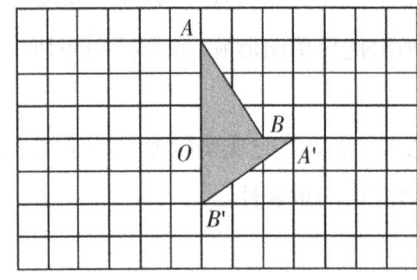
绕点O顺时针旋转

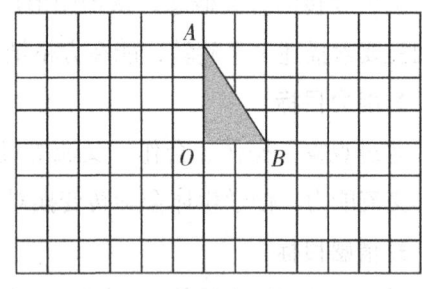
绕点O顺时针旋转

图1

（2）总结：旋转的特征。

（四）应用与拓展

（1）（练习纸上完成，如图2所示）在方格纸上将一个直角三角形绕O点旋转90度，说说你是怎么画出来的？

① 将下面的三角形绕O点逆时针旋转90度后三角形的位置在哪里？画出旋转后的三角形。

② 将下面的三角形绕O点顺时针旋转90度后，三角形的位置在哪里？画出旋转后的三角形。

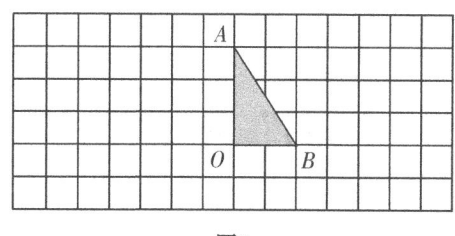

图2

（2）先想想再画画：下面的长方形绕A点逆时针方向旋转90度后的图形在哪里？（见图3）

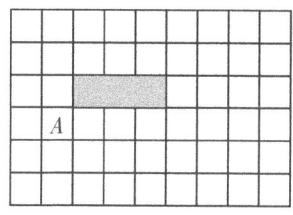

图3

（3）下面的图案分别是由哪个图形旋转而来的？（图形略）

（五）欣赏图片

课件出示相关旋转的美丽画面，让学生感受旋转的美。

（六）课堂总结

这节课你学到了什么，图形的旋转有哪三要素，描述旋转过程和画图时要注意什么？

"编码"教学设计

韶关市翁源县实验小学　丘珊莲

【教学内容】

小学数学北师大版四年级上册"数学好玩"第一节的内容"编码"。

【教材分析】

《编码》是北师大版小学数学四年级上册"数学好玩"的内容，是一节综合实践活动课，旨在通过学生的课前调查、收集信息、课中的汇报交流、自主编码，使学生了解数字在编码中的应用，感受规则和要传达的信息有关，认识身份证号，了解身份证号的结构及含义。教材从帮助探长破案这个故事情境入手，引起学生的探究兴趣。通过比较5个犯罪嫌疑人的身份证号码、银行卡号等相关信息，协助破案，与要传达的信息有关。最后，联系生活实际、寻找并发现生活中的编码，体会数字的用处与价值。

【教学目标】

（1）理解并初步掌握身份证编码的有关知识，体会数字编码的优越性和科学性，并学会运用数字编码来描述某些事物的特征。

（2）经历观察、比较、猜想来探索数字在编码中所表示的具体含义的过程，体验编码中的一些规则和方法，初步培养学生收集和处理信息的能力。

（3）体会数字编码与实际生活的密切联系，激发学生"学数学、做数学"的兴趣。

【学情分析】

四年级的学生，对于破案这一情境是非常喜欢的，而且学生对于身份证的了解也略知一二。在上这节课之前，要求学生先收集家庭成员的身份证号码，并且通过网络对身份证的含义进行预习，对生活中的其他编码也提前收集。在第一学段，学生对数的广泛应用已经有了初步体会，知道数不仅可以用来表示数量和顺序，还可以用来编码。本节课就是在学生的生活经验和已有知识的基础上，进一步探究身份证号码的组成规律，体会数字编码在日常生活中的应用，并通过实践活动进行简单的数字编码，培养学生的数学思维能力和创新意识。

【教学重难点】

重点：理解数字编码的准确性和简洁性，感受数字在交流和传递信息中的作用。

难点：探究编码的特点，学会编码的基本方法。

【教学准备】

课件、学习单（搜集身份证号码编排规律、收集家庭成员的身份证号）、本班名单（表格式）。

【教学过程】

（一）课前游戏，激发兴趣

老师说"1"，男同学站起来；老师说"2"，女同学站起来。看看谁反应快。换一种规则：老师说"1"，全体同学起立，说"2"全体同学坐端正。

思考：在游戏的第一个规则中，数字"1"表示什么？在游戏的第二个规则中，数字"1"又表示什么？数字"1"在生活中还可以表示什么？数字"1"在不同地方的含义相同吗？引出同一数字在不同的地方含义不同并揭示课题——编码。

设计意图：这样为学生创造一个轻松愉悦的学习环境，同时也为后面探究新知做好铺垫。

（二）创设情境，引入新课

（课件出示）看，他是谁？柯南头脑冷静，观察力敏锐，推理能力也极强，是一个有名的少年侦探。今天我也想请大家当一回小小侦探家，随柯南一起破案去！愿意吗？在一个月黑风高的晚上，某小区发生了一起入室盗窃案。通过几天的侦察，警察已经锁定了5个犯罪嫌疑人。（出示信息，向学生介绍）经过仔细勘察，警察在现场还发现了犯罪嫌疑人逃跑时留下的线索——一张不完整的身份证复印件和一个银行卡号。

你能根据这些线索抓到小偷吗？

设计意图：通过多媒体课件形象地演示故事情节进行新课引入，信息技术与数学教学有效结合，调动了学生的求知欲望。

（三）小组合作、自主探究

1. 自主学习

请学生带着"谁是小偷"这个问题看书自学，看看能不能弄懂警察是如何根据这两个编码中的信息找出犯罪嫌疑人的？

设计意图：让学生带着问题通过自主学习解决问题，这本身就是让学生真正成为课堂的主体。在这个过程中教师注重对学生学习方法的指导，帮助学生学习。

2. 小组交流，了解身份证号码中的出生日期信息

在小组内说说警察是如何根据这两个编码中的信息找出犯罪嫌疑人的，结合自己课前搜集的身份证编排规律的有关知识和课本上银行卡号的编排规律说。

设计意图：让学生课前运用自己的信息技术能力进行资料收集，大部分学生对身份证号码有了一点简单的认识，能从身份证号码中发现有一个人的出生年、月、日，这一环节主要是通过学生交流让学生明确问题的答案。

3. 探究身份证号码编排规则

师：那么身份证号码中仅仅隐藏着出生年、月、日这样一个信息吗？当然不是，让我们一起来探讨身份证号码中隐藏的其他信息。

（出示课件）先让学生读一读学习提示，明确填表的要求，让学生将收集到的身份证号码填入学习卡内，然后由小组长负责按顺序一项一项去完成，教师到每个学习小组进行巡视，对于存在的问题及时帮助解决，对于做得好的，也及时表扬。等小组讨论交流完后，由学生汇报探究结果，教师结合自己的身份证号码进行梳理，归纳出身份证号码的编排规律。

4. 感受编码的简洁

知道这是谁的身份证号码吗？（出示教师身份证号码）你看从老师的身份证号码中我们知道了老师的户口所在地是××，出生于×年×月×日、性别是×性。这么多的信息仅仅用了18个数字就表示出来了，多么简洁。（板书：简洁）

5. 感受编码规则

（再出示另一个不同省份的身份证号码），能说说这个身份证号码中隐藏的信息吗？强调校验码为X，表示数字10，保证身份证号码都是18位，这就是规则。

师小结：这两个身份证号码都是按照户口所在地、出生日期、顺序码、校验码的顺序来编写的，其实所有身份证都按照这样的规则来编写，这就是规则。（板书：规则）所有的信息都要按照规则来编写。通过教师引导、启发，学生在发现问题、提出问题的过程中解决身份证编码的编写规则问题。

设计意图：这一环节，我把学习的主动权交给学生，放手让学生在小组中自主探究、合作学习，最后总结出初步的身份证的编码规律，充分体现了"以学生为主体，学生是学习的主人"的新课程理念。

（四）实践应用，检验新知

（1）学生根据手中的名单设计本班同学的学号。先思考：

①所编学号中准备包含哪些内容？

②所编学号预计定为几位数字？

（2）最近，学校要给每个学生建立成长记录册，校长委托我们为每个学生编一个学号。先思考一下：在这个编码中应该体现哪些信息呢？（课件：年级、班级、座号、性别）每个信息你准备怎样编？

学生试编，全班交流，教师根据学生的交流情况［淘气也编了一个201203321表示"2012年入学的（3）班座号为32的同学，该同学是男生"。你能看懂他的编码规则吗？］引导学生将不同的设计方式进行比较，让学生说一说哪种编码最为合理——如果你是校长，你会选择哪种编码？

小结：学号编码为入学时间码+班级码+顺序码+性别码。

设计意图：这一教学环节，我让学生根据身份证号码的编排特点，为本班学生编学号，为全校学生编学号，把学生的兴趣再一次调动起来，既巩固了身份证编码的知识，又激发了学生的创造热情，使学生思维更加活跃。

（五）走向生活理解新知

学生列举生活中的数字编码。（电话号码、邮政编码、房号等）

设计意图：通过列举生活中的编码，让学生感受生活中的数学无处不在。

（六）总结全课，布置作业

（1）请学生说说本节课的收获。

（2）作业布置：设计一个编码规则，并让同学破译。

板书设计：

编 码

简洁　唯一　规则

440229　　1982　　0513　　252　　1

1～6位　　7～14位　　15～17位　　18位

地址码　　出生日期　　顺序码　　校验码

学号编码：入学时间码+班级码+顺序码+性别码

【教学反思】

"综合与实践"是教学过程中的一个较新的内容，这部分内容反映数学课程与数学教学改革的要求，也为学生提供了一种通过综合、实践的过程去做数学、学数学、理解数学的机会。数学的学习应该是一个充满生命活力的历程。数学课堂应富有探索性和开放性，让学生能自主探究，合作交流，充分发表自己个性化的感受和见解。上完这节课，我进一步加深了对新课标的理解，重新认识了"教"与"学"的关系。教师不要简单地充当知识的传话筒，也不要把学生当作知识的接收器，而要把自己放在组织者、引导者、合作者的位置上，充分调动学生的学习积极性和主动性，培养他们自主学习的能力和探索问题的精神。他们课前通过调查，搜集资料，向家长咨询等活动，逐渐走"近"数学——感受到数学就在自己身边。

1. 本教学设计特点

（1）尽量体现教材意图

设计本节课时，我在信息的收集上花了一定的心思，让学生课前先收集有关知识，加大课堂容量，同时，学生通过网上收集信息的活动，体会到信息技术可以很好地为数学学习服务。

（2）尽量体现数学的实用性

数学的实用性或者说数学化是现在数学课堂提倡的理念，是我们所追求的。编码的很多知识都是已定知识，如果纯粹为了让学生了解这些编码，教师只是一味讲解，那么学生可能更容易获得知识，但这样很容易上成常识课或者生活指导课，怎样体现出数学味呢？怎样用数学的眼光观察与认识生活中常见的数字编码呢？我在本节课做了一些努力，例如，出示不同地区的身份证号码，让学生经历多次观察、比较、分析这些编码，在师生之间的交流与互动中，加强横向与纵向数学化的过程，使学生能从身份证号码的具体实例中初步了解其中蕴含的一些简单信息和编码的含义，探索出数字编码的简单方法。这样能激发学生的学习积极性，使学生感受到数学在生活中的实用性。

（3）尽量体现方法渗透

本节课中我还力图渗透一些基本的学习方法，如观察、比较、分析、猜测等。这样也创造了良好的学习氛围，便于学生更好地探究，掌握知识。

2. 有待改进的方面

这节课还有很多地方不完美，课堂中生成的资源没能很好地利用，例如，身份证号码的错误没有给学生明确地处理，小组合作探究的时间稍短了点。

"什么是周长"教学设计

韶关市翁源县龙仙第二小学　陈丽英

【教学内容】

北师大版小学数学三年级（上册）P55～P56"什么是周长"。

【教学目标】

1. 知识目标

结合具体事物或图形，通过观察、操作等活动认识周长，培养学生动手操作能力、探究能力，使学生建立初步的空间观念。

2. 能力目标

通过独立思考和合作学习，培养学生合作学习的意识，使学生体验解决问题策略的多样性。

3. 情感与态度

创设师生互动情境，使学生在民主、宽松、和谐的学习氛围中，结合具体情境，感知周长与实际生活的密切联系。

【教学重难点】

重点：认识周长，建立初步的空间观念。

难点：正确建立周长的概念。

【教学准备】

多媒体课件、皮尺、直尺、线绳、图形卡片、彩色笔、自选物体等。

【教学过程】

（一）创设情境，感知周长

1. 描一描，说一说

（1）同学们，现在是什么季节？秋天在这秋风送爽的早晨，同学们高高兴兴地背着书包来学校，一进校门，映入眼帘的是科学楼前四棵高大的榕树（播放课件）。你发现榕树下有许多叶子了吗？其实，秋天很多植物都会落叶。（播放课件）这些树叶漂亮吗？想不想描下它们的形状？

请你们拿出老师发给你们的纸，选择一片最喜欢的树叶，用彩笔沿着树叶的边线一笔描出它的轮廓来。开始吧！

（2）好！谁愿意来给大家演示一下是怎么描的。（实物投影展示）

请用笔指着，说清楚是从哪里开始的，又是到哪里结束的。

（3）你们是从哪里开始描，又是到哪里结束的？

（4）小结：看来，不管从哪里开始，大家都是沿着树叶的边线描了一周，请看（动态演示），这一周的长度，我们把它叫作树叶的周长。（板书课题：周长）那么，什么是周长呢？（补充板书：什么是）

2. 找一找，摸一摸

（1）找一找

你能从我们身边找一个例子说说什么是周长吗？下面请你们同桌合作找一找、摸一摸、说一说它的周长。（指导：地面周长、课桌面的周长、课本封面的周长、黑板面的周长、鞋底周长等）

谁来说一说你们找的结果？你可以边说边指一指。

（2）摸一摸

① 数学书封面的周长。

② 课桌面的周长。

（3）说一说（课件出示，如图1所示）

说一说，哪些图形能找出它的周长，哪些图形不能找出它的周长，为什么？

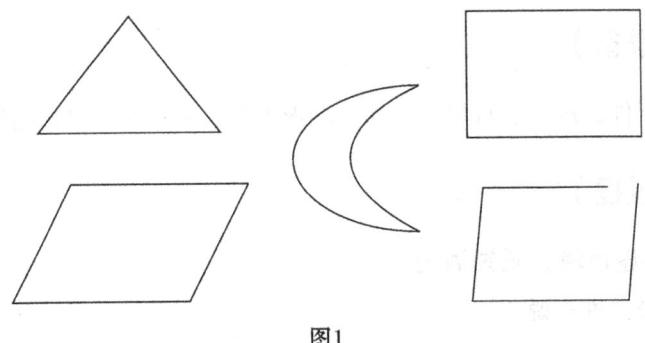

图1

（教师补充：封闭图形一周的长度，叫作这个图形的周长。板书：封闭）

（二）自主合作，测量周长

（1）周长在我们生活中无处不在，而且周长的应用也非常广泛。比如，我们去做裤子时，裁缝都要量一量你的腰一周有多长，也就是平时所说的腰围。

（2）请你估计一下自己的腰围是多少厘米。（学生同桌合作量一量，教师指导测量方法）（课件出示）。

谁来说说自己的腰围？

（三）巩固实践，计算周长

量一量、算一算下面图形的周长。（教材第56页第2题）

（四）拓展延伸，比较周长

下面三个图形（见图2）的周长一样吗？先独立思考，再四人小组讨论。指名汇报。

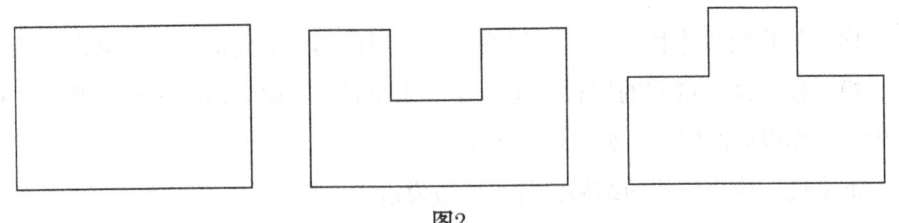

图2

（五）总结概括

今天学会了什么？有什么感想？

（六）布置作业

（1）回家量一量自己红领巾的周长。

（2）自做一片树叶，与同伴合作，量并算出树叶的周长。

【教学反思】

《什么是周长》是一节帮助学生建立周长概念的课。这是学生在认识了长方形、正方形、三角形、圆形等平面图形的基础上展开的，认识平面图形是学习平面图形周长的基础。学生只有对周长的概念做到真正的理解，形成表象，才能为后面的测量周长、计算周长以及周长的应用做好铺垫。同时也为日后学习面积的相关知识，区分周长与面积的概念埋好伏笔。基于以上的认识，在这节课的教学中我注意了以下三点。

1. 在丰富的生活背景中学习数学，建立概念

首先利用课件出示校园图、榕树图，创设秋季植物落叶的情境，向学生展示了许多漂亮的树叶，给了学生美的享受以后，进入第二个教学环节，用彩色笔描树叶的轮廓，让学生在轻松的教学环境中初步感知树叶的一周叫树叶的周长。在似美术课的数学课中，把数学与美术进行了完美的结合，使课堂气氛骤然升温。然后设疑："树叶上有什么小动物？""小蚂蚁要做什么呢？"使学生对小蚂蚁产生浓厚的兴趣。"小蚂蚁做了什么呀？"伴随着轻松的音乐观看小蚂蚁爬行及线绳的变化，使学生在宽松、和谐的学习氛围中进一步认识周长，同时又把数学课与音乐课进行了完美的整合，学生带着愉悦的心情接受了新知识。最后教师又让学生通过找一找、摸一摸、说一说的活动，把周长这个抽象的概念与生活中具体的事例联系起来，加深了学生对周长的理解。

2. 在有意义的实践活动中学习数学，强化概念

在上一环节中，学生已经知道周长在我们生活中无处不在，教师进一步说明周长的应用也非常广泛。比如，做裤子前的量腰围要用到周长知识，然后让学生估计自己的腰围有多少，再与同伴合作量一量。这不仅培养了学生的估算能力，又让学生在操作中体验了学周长、用周长的乐趣，培养了学生的动手操作能力、探索能力和合作学习的意识，激发了学生的学习热情。

3. 在分层次的练习中学习数学，深化概念

数学课堂离不开练习，而有层次的练习不仅能帮助学生掌握基础知识，而且能让学生的思维得到拓展。因此，我设计了两道练习题。第一题是课本第56页第2题，量一量、算一算下面图形的周长，让学生在量一量、算一算中进一步

知道树叶的周长可以用线绳绕一周来测量，人的腰围可以用皮尺来测量，而三角形、长方形、梯形等规则平面图形可用尺直接量并计算出来，让学生体验解决问题策略的多样性和选择解决问题的最优方法。第二题是比较所给三个图形的周长，通过比较图形的周长，学生掌握了比较的方法（移动、测量），知道周长是有长短的，也对周长的概念有了更深的认识。

本节课的不足之处是：学生在测量自己的腰围时，教师指导不够到位，致使个别学生对腰围的认识还不够深入，隔着外套从外面测量腰围，出现了测量结果与实际不太相符的结果，当然这些都在活动后的点评中做出了指正。

"百分数的应用"教学设计

南雄市雄州镇永康路中心小学 何启兵

【教学内容】

北师大版小学数学六年级上册P87。

【教材分析】

本节课就是求一个数比另一个数多或少百分之几的问题，从纵向来看是在学生已有的"求一个数比另一个数多或少几分之几"的知识经验的基础上来学，从横向来看是在学生的"百分数的认识"的基础上进行继续学习。首先，教材通过"水结成冰"的情境，引出"增加百分之几"的问题。其次，为了帮助学生解决问题，教材引导学生先分析"增加百分之几"是什么意思，并通过画图帮助学生寻找数量关系，逐步引导学生理解"增加百分之几"在本题中就是冰的体积比水的体积多的部分是水的体积的百分之几。最后，教材的核心是让学生理解谁和谁比，怎么比，并能够进行对比分析。

【教学目标】

（1）在具体情境中理解"增加百分之几"或"少百分之几"的意义，学会用线段图分析数量关系，帮助学生加深对百分数意义的理解。

（2）能计算出实际问题中"增加百分之几"或"少百分之几"，提高运用数学解决实际问题的能力，体会百分数与现实生活的密切联系。

（3）培养学生运用数学知识解释生活现象的能力，激发学生学习数学的

兴趣。

【教学重点】

重点：理解"增加百分之几"或"少百分之几"的意义，学会用线段图分析数量关系，帮助学生加深对百分数意义的理解。

难点："增加百分之几"或"少百分之几"的问题在实际生活中的应用，提高学生运用数学解决实际问题的能力，让学生体会百分数与现实生活的密切联系。

【教学方法】

情境教学法、讲解法、练习法等。

【教学准备】

课件。

【教学过程】

课前实践小活动：

学生在家用杯子将水放进冰箱做结冰实验，并在杯子上做好水面与冰位置的记号。观察实验的结果，并做好记录。

（一）创设情境，导入新课

师：同学们，今天的天气感觉如何？（冷！）在这寒冷的天气里大家都能坚持准时来学校，看得出大家都是意志坚定的同学。在寒冷的野外，我们早上可以看见一种自然现象，是什么呢？

生：水结冰。

师：是的，水结冰是一种奇妙的自然现象，现在老师与大家一起去寻找生活中水结成冰的美景。（出示生活中水结冰的图片）

看完后，师问：水结成冰美丽吗？

生：太美了。

师：老师也用水做了个水结冰的实验。（出示图片）

师：老师装了多少水？（大半盒），这大半盒水结成冰后，有多少了？你

发现了什么？（变成了一盒冰，冰比水体积变大了）

师：今天我们大家就一起来学习冰的体积比水的体积多的相关问题。（板书课题：百分数的应用一）

设计意图：创设通过生活中的水结冰现象自然地引出冰与水体积增多与减少的具体情境，激起了学生学习数学的兴趣，也让学生深刻体会到数学与生活是分不开的。

（二）结合情境，探索新知

1. 根据情境，自主提问

师：老师测量了一下，刚才那大半盒水的体积是45立方厘米，结成冰后，冰的体积约为50立方厘米。

师：你能根据这两个条件提出有关百分数的问题吗？

生：水的体积是冰的体积的百分之几？

生：冰的体积比水的体积增加了百分之几？

师：哪些问题是我们学过的？你能不能很快就列出算式？

生："水的体积是冰的体积的百分之几"这个问题我们学习过了，列式是 $45 \div 50 \times 100\% = 90\%$。

师：那我们今天就来学习第二个问题"冰的体积比水的体积增加了百分之几？"

设计意图：根据已知条件由学生提出数学问题，可以考查学生对数量关系的理解，也是检查学生对旧知的掌握情况，且能增强学生自主学习的意识。

2. 在解决"增加百分之几"问题的过程中理解数量关系，寻求解决问题的方法

（1）师：今天我们重点解决"冰的体积比原来水的体积约增加百分之几？"这个问题，一起读题，你觉得哪句话最难理解？

生："冰的体积比原来水的体积约增加百分之几"较难理解。

（2）师：应该怎么理解这个"增加百分之几"？大家分小组根据自学卡去完成这个内容。

（3）四人小组交流自己的理解并完成自学卡。

（4）全班汇报，有口头理解不清晰的，引导其用自己喜欢的方式画出示意图。

生：这道题是冰的体积与水的体积进行比较。

生：水的体积是标准量，即是单位"1"的量。

生："增加百分之几"是冰比水多的体积占水体积的百分之几。

学生展示自己画的示意图，如图1所示。

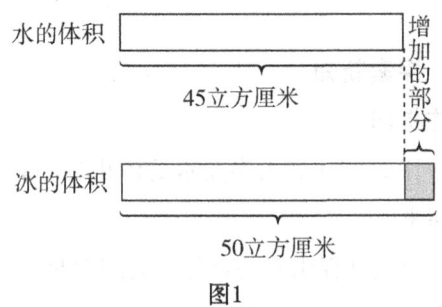

图1

（5）利用学生的示意图，引导学生思考"增加了……"这个省略号背后所隐含的意义，从而得出两种不同的理解。

设计意图：尊重学生学习的方式，让学生选择自己喜欢的方式来理解"增加百分之几"的意思，引导学生利用示意图理解"增加百分之几"的意思，使学生抽象的思维直观形象化，利于学生分析数量关系，明确解题思路。

（6）数形结合，学生列式计算，并说出每步算式所表示的意义。

$(50-45) \div 45 \times 100\%$ $\qquad$ $50 \div 45 \times 100\% \approx 111.1\%$

$=5 \div 45 \times 100\%$ $\qquad$ $111.1\% - 100\% = 11.1\%$

$\approx 11.1\%$

（7）课件演示，小结两种解题思路。

（8）反馈。

设计意图：学生理解题意—解决问题—交流思路，达成自主学习的最终目的。

（三）在辨析中解决"少百分之几"的问题，提高学生解决实际问题的能力

1. 抛出问题，激化问题矛盾

师：冰比水的体积增加了11.1%，是不是也可以说水比冰的体积减小了11.1%呢？说说你的理由。

生：可以这样说。因为还是这两个量在比较。

生：不可以这样说。因为这里增加和减少的是百分之几，不是一个具体的量。

师：水的体积比冰的体积减小了百分之几，谁是标准量？这一个问题怎么理解更准确？

生：冰是标准量。

生：减少了百分之几就是求水的体积比冰的体积少的部分占冰的体积的百分之几。

2. 列式计算

师：大家用我们刚学的方法算一算"水比冰的体积减小了百分之几"是不是和增加百分之几相同。

生汇报，并说出自己解题的思路。

（50-45）÷50×100%   45÷50×100%=90%

=5÷50×100%   100%-90%=10%

=10%

3. 小结

通过解决刚才的两个问题，对于要求一个数比另一个数多（或少）百分之几你有什么要说的吗？或者有什么要提醒大家注意的地方？

设计意图：通过问题矛盾的激化，引发学生的思考，虽然相比的量不变，但比的标准变了，所以列出的算式不同，让学生明白在解决百分数应用题时，不仅要看清楚"谁和谁比"，还要弄清"以谁为标准"。

小结提升：刚才解决的问题其实就是求一个数比另一个数多或少百分之几的问题，在解决这样的问题时，我们应该注意什么地方？

生：找出谁占单位"1"的百分之几，找准单位"1"。

生：用相差量÷单位"1"的量=增加或减少的百分之几。

（三）多层练习，巩固深化

（1）师：老师去超市买个电热水壶，看到如下标价。（出示课件，如图2所示）

降价32元
现价96元

A

降价50元
现价160元

B

图2

老师有两个疑问：①哪种电水壶的价格降得多？②哪种电水壶的价格降低的百分比多？

小组合作讨论这两个问题有何不同？它们比较的是什么？

生："哪种电水壶的价格降得多"比较的是两种电水壶降低的钱数。

生："哪种电水壶的价格降低的百分比多"比较的是现价比原价减少的百分比。

设计意图：让学生明白除了直接比较降低的价钱，还可以比较哪种电水壶的价格降低的百分比多，并加强学生对数和数量关系的理解与分率的理解，让学生在借助几何直观的基础上，提高自主突破难点和解决问题的能力。

（2）某市2009—2011年的进口额和出口额统计见表1。

表1

年份	进口额/亿元	出口额/亿元
2009	80	85
2010	89	101
2011	95	113

① 2010年的进口额比前一年增加了百分之几？

② 2011年的进口额比前一年增加了百分之几？

③ 请你再提出一个数学问题，并尝试解答。

教师提出自主完成要求：要求一是画图表示出增加了百分之几，要求二是在独立列式解答的基础上说出解题步骤及想法。

设计意图：此题不仅进一步加强了学生对解题能力的巩固，继续渗透数形结合的思想，而且学生提出问题并解决问题的练习有利于提高学生利用百分数的有关知识解决实际问题的能力。

（四）课堂总结

师：在今天的学习中，你认为怎样分析数量间的关系更形象生动？你对自主学习有何感受？

师：比较两个量有哪些方法？自己举例说一说。

设计意图：让学生自主梳理本节课学习的知识，构建一个较完整的知识结构，感悟在数学学习中数形结合思想的重要性。

（五）布置作业

学生去商场比较两种商品的价格，用不同的方法比较。

设计意图：本作业设计是为了让学生理解数学来源于生活，并应用于生活的意义，激发学生学好数学、用好数学的信心。

板书设计：

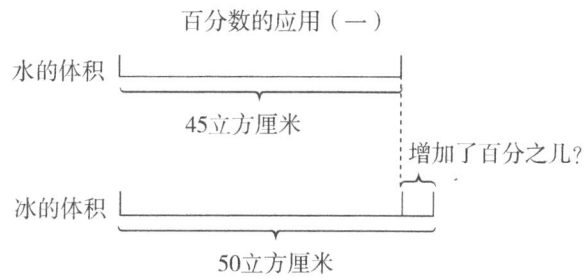

百分数的应用（一）

水的体积

45立方厘米

增加了百分之几？

冰的体积

50立方厘米

（50－45）÷45×100%   50÷45×100%≈111.1%

=5÷45×100%   111.1%－100%=11.1%

≈11.1%

答：冰的体积比水的体积增加了11.1%。

【教学反思】

1. 强化了学生自主学习意识

教学中以合作学习、动手实践、相互交流、多种方法解答为主要学习手段，使学生在课堂上主动参与学习，提高了教学的有效性。

2. 借助画图方式渗透了数形结合的思想

教学中通过画图，把抽象的文字形象化，把隐性的数量关系显性化，形象地表达出了已知和未知之间的对应关系，给学生渗透了数学学习中数形结合思

想的重要性，也丰富了学生解决问题的有效方法。

3. 创设具体情境理解"增加百分之几"或"减少百分之几"

在教学中设计了水结冰、买电水壶这样的生活场景来理解谁和谁比，怎么比，加深了学生对百分数意义的理解，不仅激起了学生学习的兴趣，还激发了学生学好数学、用好数学的信心。

"文具店"教学设计

韶关市仁化县实验学校　李素姬

【教学内容】

北师大版三年级数学上册"文具店"。

【教学目标】

1. 知识目标

（1）结合"文具店"的具体情境，借助元、角、分，初步理解小数的意义，学会认读写简单的小数。

（2）能把几元几角几分的人民币的币值用以元为单位的小数表示，也能把以元为单位的小数改写成几元几角几分的形式。

2. 能力目标

培养学生发现、总结规律的能力。

3. 情感目标

感受小数在日常生活中的广泛应用，体会数学与日常生活的密切联系。

【教学重难点】

重点：能把几元几角几分的人民币的币值用以元为单位的小数表示，也能把以元为单位的小数改写成几元几角几分的形式，能认、读、写简单的小数。

难点：借助元、角、分初步理解以元为单位的小数的实际意义。

【教学方法】

（1）借助龙仙第一小学开展的"好书推介会"活动，让学生寻找自己喜欢的书的价格，并把它记下来，说出书本的价格是几元几角几分。

（2）组织学生以小组形式进行讨论，培养学生的团队意识，使学生发现规律，初步认识小数中每个部分的数表示多少钱。

（3）利用发现的规律，说出"文具店"各文具的商品价格，熟练掌握小数点前面的数表示的是几元，小数点后面第一位上的数表示的是几角，小数点后面第二位上的数表示的是几分。

（4）组织学生把几元几角几分用小数的形式表示出来，并能把自己的想法说给同学听。

【教学准备】

教师准备：课件、书本。

学生准备：自己喜欢的书。

【教学过程】

（一）谈话导入

师：同学们，老师听说你们学校正在开展"好书推介会"活动，你们有喜欢看的书吗？

设计意图：创设情境，引起学生注意。

师：你知道你喜欢的书的价格是多少元吗？能把它写下来吗？（请几位学生上黑板写——有代表性的小数）

设计意图：让学生初步体会小数就在我们身边。

（二）新知探究

1.初步感知小数

师：看看我们刚才写的数与以前认识的数有什么不同的地方？

设计意图：引起学生注意，刚刚写的数有一个小圆点。

师（指着）：这个小圆点就是小数点。

说出黑板上板书的价格各指几元几角几分。

教师板书。

教师指着黑板让学生观察，表示几元的数在原数当中写在哪个位置？表示几角的数在原数中放在哪个位置？表示几分的数在原数中放在哪个位置？

让学生小组讨论，并派代表汇报小组同学的看法。

设计意图：通过讨论，让学生明确每个数位上的数表示的钱数是多少。

引导学生总结：小数点前面的数表示几元，小数点后面第一位上的数表示几角，小数点后面第二位上的数表示几分。

2. 进一步理解以元为单位的小数各部分表示的意义

过渡：像这样的数在文具店也可以看到哟。

课件出示（见图1）。

每本3.15元

3.15元是（　　）元（　　）角（　　）分

图1

师：看这本笔记本标价是3.15元是指（　　　）元（　　　）角（　　　）分。

设计意图：让几位学生回答，并说出自己的想法，让学生进一步熟悉小数点前面的数表示有几元，小数点后面第一位上的数表示有几角，小数点后面的第二位上的数表示有几分。

师：再看这支铅笔是指几元几角几分？

课件出示（见图2）。

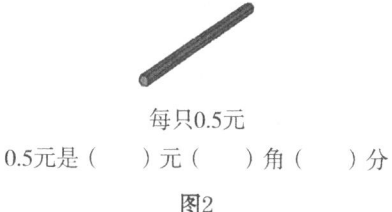

每只0.5元

0.5元是（　　）元（　　）角（　　）分

图2

设计意图：让几位学生回答，说出自己的想法，明确不够1元的物品，小数点前面都用0表示。

师：看这只钢笔的价格这么多6，表示几元几角几分?

课件出示（见图3）。

每只6.66元

6.66元是（　　）元（　　）角（　　）分

图3

设计意图：让几位学生回答，说出自己的想法，明确相同的数在不同的位置，表示的钱数也不相同。

3. 认识小数及小数的读写法

课件出示（见图4）。

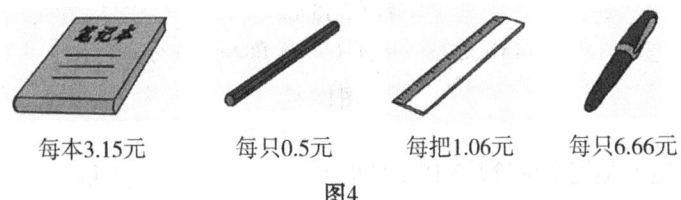

每本3.15元　　每只0.5元　　每把1.06元　　每只6.66元

图4

师：我们说了这么多这样的数，这些数是什么数呢? 看智慧老人告诉我们什么? 一起读一读。

课件出示（见图5）。

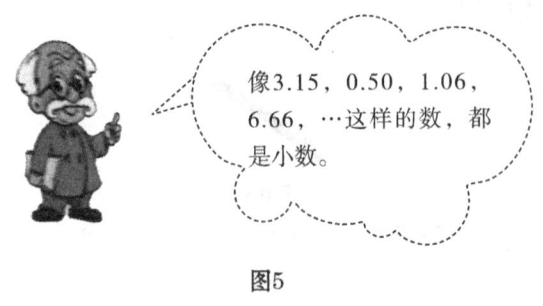

像3.15，0.50，1.06，6.66，…这样的数，都是小数。

图5

师：像怎样的数就是小数呢?

设计意图：让学生举例说明怎样的数是小数，明确小数最明确的特征是具有小数点。

师（指着0.50）：我要把这个小数写下来，怎样写呀？（让学生跟着老师写，强调小数点要写得圆圆的，写在右下角）。

让学生把其他小数写下来（练习写小数）。

设计意图：让学生明确小数的写法，知道哪些地方要特别注意。

师（指着0.50）：那你能把它读出来吗？（指名学生读，教师板书）

教师写出：16.16。

师：小数点前面有一个16，小数点后面也有一个16，读法有区别吗？

设计意图：让学生明确小数点前面的数要按照整数的读法来读，小数点后面的数看到几就读几。

师：你能把下面的小数读出来吗？（让全班齐读下面的小数）

课件出示（见图6）。

$$3.15 \qquad 6.66$$
$$0.50 \qquad 28.88$$
$$1.06 \qquad 40.7$$

图6

设计意图：让学生正确且熟练地读出小数。

（三）练习（见图7、图8、图9）

1. 练一练

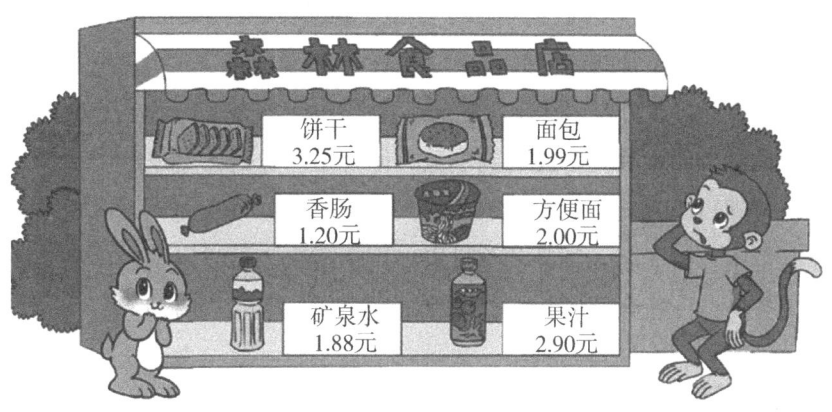

图7

（1）小兔买一包饼干，要付_____元_____角_____分。

（2）小猴买一瓶果汁，要付_____元_____角_____分。

（3）矿泉水1.88元，两个8分别表示什么？

设计意图：让学生熟练说出以元为单位的小数具体表示几元几角几分。

2. 森林医生（见图8、图9）

7.15元是
7元15角。

3元2分就是
3.20元。

4角5分就是
4.5元。

图8

设计意图：让学生注意把几元几角几分的数改写成以元为单位的小数的注意事项。

你能写几个？
写出由1、2、3这三个数字组成的小数？

图9

设计意图：发展学生思维，拓宽学生知识面。

（四）全课小结

师：同学们，这节课我们认识了小数，除了在物体的价格上你能看到小数，你在哪些地方还看到过小数呢？

让学生说说自己日常生活中看到的小数。

师：日常生活中处处都能看到小数，体育运动员的比赛成绩用小数来表示（如刘翔打破110米跨栏世界纪录的成绩为12.88秒），身高也可以用小数来表示，体温也用小数表示，物品的重量可以用小数来表示。同学们，只要我们在生活中认真观察，就会发现生活中处处有小数，小数就在我们身边。

设计意图：拓宽学生知识面，认识到小数不但可以用来表示钱，还可以表示运动员的成绩、身高、体重……

【教学反思】

本节课的教学是在学生熟悉的生活情境下，在轻松愉快的氛围和思考中进行的，现将本节课总结如下。

1. 以学生熟悉的事物引出本节课所要认识的小数

首先创设了以本校开展的"好书推介会"活动为背景的情境，让学生初步感知小数就在我们身边（每一本书后面的价格就是一个小数）。让学生动手写出自己喜欢的书的价格，并说出书的价格指的是几元几角几分。组织学生通过讨论、汇报、总结，发现以元为单位的小数各部分表示多少钱，并引导学生发现其中的规律——小数点前面的数表示有多少元，小数点后面第一位上的数表示有几角，小数点后面第二位上的数表示有几分。

2. 鼓励学生多说

在教学中，充分给机会、给时间让学生说。三年级的学生表达能力较弱，教学中，我鼓励学生多说，让学生逐步认识以元为单位的小数每部分表示的意义。有"个人说""同桌互相说""集体说"的形式，让学生由浅入深地感受小数，理解表示价格的小数的意义。

3. 注意对知识的拓展

教学中，我设计了拓展练习，培养了学生的合作及团队意识。在后面的"全课小结"中，让学生明确小数不但在物体的价格上可以看到，在生活中很多地方都可以看到，教育学生平时要养成多观察多留心的习惯。有这样的习惯，我们会发现，小数就在我们身边，生活中处处有小数。

"百分数的认识"教学设计

乐昌市坪石镇坪梅小学　罗国红

【教学内容】

北师大版小学教学五年级下册第六单元百分数"百分数的认识"第90～93页。

【教材分析】

《百分数的认识》是北师大版小学数学五年级下册第六单元《百分数》中较为重要的教学内容，是本单元的第一课时。这一课的主要教学内容是认识百分数，会正确读写百分数，在具体情境中，正确说出百分数的意义，理解百分数与分数的异同点，体会百分数与日常生活的密切联系。本课的教学是学生后续学习分数、百分数、小数互化以及百分数应用题的重要基础。

数学来源于生活，百分数对于五年级的学生来说并不陌生，它源于分数，又有别于一般分数。因此教材在设计上注重数学知识来源于生活的思想，以足球比赛中谁来罚点球、种子发芽实验这些具体情境导入，让学生通过比一比，算一算等多种形式与方法来感悟学习百分数的重要性与必要性。然后再以形式多样的习题来巩固学生的认知。教材遵循由浅入深、由具体到抽象的过程，引领学生逐步认识百分数，充分关注了学生学习兴趣与各种能力的培养。

【学情分析】

本班学生是我从四年级带上来的课题实验班，学生的自主探究能力比较强，学过了小数、分数的相关知识，对于通分也已掌握得很熟练。百分数在日常生活中应用非常广泛，学生虽然在日常生活中经常见到百分数，也有个别学生能根据具体的百分数说出它的意思，但对什么是百分数，并没有真正理解，对于百分数与分数的区别更是比较模糊。通过比一比、算一算，使学生认识了百分数，会读、写百分数，并通过收集有关百分数的信息，理解百分数的意义，最后归纳概括出什么是百分数，并通过应用进一步理解百分数。

【设计理念】

整节课的教学主要是围绕我的实验课题"小学数学课堂教学生活化的研究"而设计的，充分体现了我的实验课题的指导思想："数学源于生活，寓于生活，用于生活。""数学问题从学生中来，又回到学生中去。"所以在教学中我从学生感兴趣的事情入手，调动学生学习的兴趣。我组织学生对五（3）班和五（1）班的学生人数进行讨论，采用以学生自主探究、合作交流为主，以教师点拨引导为辅的教学策略，引出一些分数，进而得出一些百分数，让学生在生活实例中感知，在积极思辨中发现，在具体运用中理解百分数的意义。

【教学目标】

1. 知识与技能

使学生理解百分数的意义，掌握百分数的读法、写法，知道百分数在实际生活、生产中应用非常广泛，能够正确读、写百分数，弄清分数与百分数的异同点，会用百分数分析、解决一些实际问题，培养学生收集信息、分析、概括等思维能力。

2. 过程与方法

通过观察、比较等学习方法，理解百分数的意义。

3. 情感、态度与价值观

激发学生的求知欲，让学生在民主、和谐、活跃的课堂气氛中学习，使学生能体验到数学与日常生活密切相关，并适时进行思想品德教育。

【教学重难点】

重点：百分数的意义、读法和写法。

难点：百分数的意义，百分数与分数的联系和区别。

【教学方法】

小组合作探究法、讨论法、点拨法、练习法等。

【教学准备】

多媒体课件，学生每人课前收集的如商品标签、包装盒上的百分数等资料。

【教学过程】

（一）谈话导入，揭示课题（约3分钟）

师：同学们，我们的生活处处有数学，数学也总是伴随着我们的生活，并为我们的生活而服务。由此，我们认识了很多数学朋友。（板书51、49）这两个数是什么数？看到这两个数，你想到了什么？

生：想到五（3）班有51人，五（1）班有49人。

……

那你能用这两个数提出一些数学问题吗？

[根据学生回答板书：五（3）班人数占两个班人数之和的51／100、五（1）班人数占两个班人数之和的49／100。]

设计意图：数学来源于生活，数学就发生在我们的身边。

像这种表示两个数之间的倍数关系，并且分母是100的分数，我们通常写成这样的形式51%、49%（板书），像51%、49%这样的数就是我们今天要认识的新朋友——百分数（板书课题）。

设计意图：感知百分数。

（二）创设情境，探究新知（约20分钟）

（1）师：看到这些新朋友，你想提出一些什么问题？

生：这个新朋友怎么读？怎么写？表示什么意义？百分数与分数有什么异同点？

……

（板书"写作？""读作？""意义？"。）

设计意图：引起学生认知冲突，激发学生探究新知的欲望。

（2）小组合作，探究学习。请你们围绕以上提出的问题，小组讨论交流学习，并尝试解决教材第90页"比一比"（1）（2）题。弄不懂的可以看书或问老师。

（学生小组讨论学习、交流，老师巡视指导，收集信息。）

设计意图：培养学生的自主学习能力，与其他学生形成互动。

（3）反馈交流：谁来说说，你解决了什么问题？并相机教学例题（课件出示）。

（根据学生回答，擦去"？"，整理、板书百分数的"写作、读作、意义"的内容，详见板书。）

设计意图：教写、读百分数，理解百分数的意义。

（4）请你们拿出课前准备的报纸、商标等，找到相关的百分数，并相互说说它们表示的意义。学生交流后，指名口述，重点指导学生表述的规范性。

设计意图：全班汇报，再一次理解生活中百分数的意义，使学生感悟百分数有便于比较的特点，结合学生自己找到的例子进行教学。

（5）探究比较百分数与分数的异同点。小组讨论交流，完成表1；集体反馈，进一步整理完成表格。（学生每人一份表格）

表1

比较项目	分数	百分数
意义	可以表示一个数是另一个数的几分之几，也可以表示一个具体数量	只能表示一个数是另一个数的百分之几
是否能带单位	表示具体数量时可带单位	不能带单位
写法	a / b（$b\neq0$）	$a\%$
读法	几分之几	百分之几
分母	自然数（0除外）	100
分子	整数	整数、小数
单位	$1 / b$（$b\neq0$）	1%

（三）闯关练习——小试牛刀（课件出示）（约5分钟）

师：你们的表现真棒！让我们一起走进"智慧屋"吧。

1. 第一关：我会读

28%　　22%　　57%　　12.5%　　0.12%　　150%

2. 第二关：我会写

坪梅小学参加课外小组的同学有100人，参加各个小组的人数见表2，写出下面的百分数。

表2

项目	书画组	体育组	科技组	写作组
人数	14	38	22	26
占课外小组总人数的百分比				

设计意图：进一步巩固百分数的读法、写法，认识百分数分子的特点，使学生明确百分数的分子可以是整数，也可以是小数；可以比分母小，也可以比分母大。

3. 第三关：我会说

说说下面这些百分数所表示的意思。

（1）第五次全国人口普查结果表明：目前我国男性人口约占总人口的52%，女性人口约占总人口的48%。

52%表示（　　　　　　　　　　　　　　　）。

48%表示（　　　　　　　　　　　　　　　）。

（2）如左图所示，100%表示（　　　　　　　　　　　　　　　）。

设计意图：进一步理解百分数的意义。

（四）夺星大战——大显身手（课件出示）（约9分钟）

1. 我会选

（1）一条路已修的占全长的（　　　），剩30%没修。

A. 70%千米

B. 70%

C. 70/100千米

（2）一堆煤的质量是（　　　）。

    A. 97/100吨

    B. 97％

（3）厂家检测110支三笑牌牙刷，合格率可能是（　　　）。

    A. 110％

    B. 100％

    C. 98％

设计意图：通过生活中的例子，进一步比较百分数与分数的不同点。

2. 数学与语文

用百分数表示下列成语：

半壁江山　　　百里挑一　　　百发百中　　　十拿九稳

师：你能说一个这样的成语，并用百分数表示出来吗？

（学生互相说后，再指名说。）

师：你们说得真好！老师为了上好这节课，课前也做了充分的准备。如果按原计划上课，肯定会"事倍功半"（板书）（学生马上说出"50％"，老师相机板书"50％"），但是老师看到你们精神抖擞地走进教室，就改变了上法，加上你们的精彩表现，结果收到了"事半功倍"（板书）（学生马上说出"200％"，老师相机板书"200％"）的效果。谢谢你们了！希望你们在学习上也要追求"事半功倍"的效果。

设计意图：让学生理解数学是一门工具性学科，数学可以为语文等其他学科服务。

3. 我们的数学（填百分数）

（1）我（　　　）是男生。

（2）我（　　　）是女生。

（3）我们（　　　）是中国人！我们为此而自豪！

（4）钓鱼岛（　　　）是我们中国的！不管谁想侵占，我们（　　　）寸土不让！

（填完后，学生分角色齐读上面四个小题。）

设计意图：进一步体会用百分数表示，并进行爱国思想教育。

（5）马航失联飞机的239人（　　　）还活着。

师：我们期待马航失联飞机的239人100%（老师故意放慢语速，让学生说出100%）还活着，当然，即使他们的存活概率非常小，哪怕是0，各国人民也不会放弃，他们还会尽100%的努力继续寻找，查明事件真相，还事件以真相，给家属以慰藉！

设计意图：开放题，答案不确定，让学生大胆说出自己的百分数，教育学生了解一些时事政治。

4.课外延伸保护环境

每年的4月22日是世界地球日，调查表明：地球表面陆地面积仅占29%，全球沙漠面积占地球陆地面积的近25%，而且沙漠面积还在增加。陆地除了沙漠、冰川等土地外，只有约30%可以耕种。另据统计，目前世界上约有40%的人口严重缺水。而据我国资料显示，全国湖泊约有75%的水域已受到显著污染。自然环境的恶化也严重威胁到地球上的野生物种，如今全球12%的鸟类和25%的哺乳动物濒临灭绝，而过渡捕捞已导致30%的鱼类资源枯竭。

师：你对哪个百分数感触较深，谈谈你的感想。

设计意图：学生畅谈，理解数学与我们的生活是紧密相连的，用百分数来表示更加方便、明了、简单，教育学生"保护环境，人人有责"。

（五）总结：自我评价（约2分钟）

这节课老师对同学们的表现是100%的满意，那你们达到自己预期的目标了吗？请用百分数表示：

愉快占（　　　）%　　　紧张占（　　　）%　　　遗憾占（　　　）%

设计意图：使学生学会从情感评价上来谈学习收获。

师：你们都是天才，最后老师送给你们一句话（学生齐读）：

天才=99%的汗水+1%的灵感。

设计意图：对学生进行励志教育。

（六）课外作业（约1分钟）

天才们！发挥你们的聪明才智，发挥你们的创意灵感，请在发给你们的格子纸上设计一幅美丽的图案，并写出图案占格子总数的百分之几。下课！

设计意图：开放题，学以致用，余味悠长，激发学生的学习兴趣，培养学生的创新意识。

板书设计：

百分数的认识

写作：51%→百分号

读作：百分之五十一

事倍功半 50%	事半功倍 200%

意义：百分数表示一个数是另一个数的百分之几，百分数也叫百分比、百分率。

设计意图：这样的板书设计干净整洁、美观大方，既突出了本课的重要知识点，又有对学生学习方法的指导、学习目的的追求。

"确定位置"教学设计

韶关市翁源县龙仙第一小学　罗建福

【教学内容】

（1）能在具体的情境中，探索确定位置的方法，说出某一物体的位置。

（2）能在方格纸上用"数对"确定位置。

【内容解析】

在此之前，学生已经学习了前后、上下、左右等表示物体具体位置的知识，也学习了简单的路线等知识，已经建立了一定的空间观念，对具体位置有所感受。这些知识的学习为学生进一步认识物体在空间的具体位置打下了基础。"确定位置"这节课要求学生能在具体情境中用数对来表示位置，并能在方格图上用数对确定位置。因此，在教学中，我借助学生已有的知识经验，从具体位置中逐步抽象出数对的表示方法，以符合学生由具体到抽象、由特殊到一般的认知规律，从而帮助学生理解数对在确定位置中的作用。本节内容是第一学段学习的发展，也是对第三学段学习的铺垫。它对提高学生的空间观念，认识周围生活的环境，都有较大的作用。

【教学目标】

1. 知识目标

结合生活情境，使学生体验确定位置的重要性，理解数对的意义及其表示方法和读法。

2. 能力目标

在具体情境中，能用数对表示位置，并能在方格图上确定位置，使学生在探索知识的过程中发展空间观念。

3. 情感目标

感受确定位置的丰富现实背景，体验数学与生活的密切联系，产生学习数学的兴趣。

4. 目标解析

用学生已有的知识设计活动，丰富学生的感性认识并升华为理性认识尤为重要。所以，我把"掌握用数对确定位置，并能用数对准确地说出某一物体的位置"作为本课的重点，将"结合具体情境确定位置，抽象方格图并在方格图上用数对正确表示位置"作为本课的难点。

【教学方法】

1. 主要采用的教学方法

《义务教育小学数学课程标准》指出，学生的学习不能再单纯地依赖模仿和接受性学习，而应该更多地采用自主学习、合作探究的主动学习方式。在课改和我校开展"培养小学生自主合作学习能力"这一课题的大背景下，我努力在课堂上多给学生活动的机会，让学生多动、多说、多练，使课堂不再出现被遗忘的角落。同时，我借助有动画和声音效果的多媒体课件来激发学生的学习兴趣，并利用课件交互灵活的特点提高课堂效率，帮助学生掌握用数对确定物体位置的方法，拓展学生情感交流的渠道，充分激发学生的潜能，取得了不错的教学效果。

2. 学生主要的学习方法

学生的学习主要体现在两个方面。

（1）实践探索

本节内容与学生的生活实际非常贴近，实践性、应用性很强。对这部分内容的掌握与巩固也是在学生的实际应用中体现出来的。因此，在教学中，我让学生面对真实的问题，动手实践、自主探索、尝试解决问题。

（2）合作交流

本课虽以实践活动为主展开学习活动，但也应为学生的合作交流提供足够

的空间。我先让学生亲自实践，再组织学生合作、讨论与交流，给学生提供了一个展示所学的舞台，让学生体验成功，发展思维，进一步培养学生的合作意识与合作能力。

【教学分析】

数对是一种数学知识，它建立在坐标图中。但在教学中，坐标不需要出现，让学生理解、掌握用数对的形式表示位置就可以了。引导学生经历确定教室内的位置——确定座位图的位置的过程，逐步抽象出在方格图（直角坐标系的原型）上用数对表示位置。

在应用数对的过程中，学生容易混淆现实中的座位与书中的座位，教师应充分发挥"教室位置"这一情境，让学生充分谈一谈数对的作用和优势，使学生体会数对的优越性。教师要把握得当，引导准确、恰当。对于应用地球仪，如航天飞机怎样确定降落位置，可以让学生在现实背景中，体验数对的作用。

【教学过程】

（一）讲故事激趣导入

设计意图：教师将生活内容数学化，将数学问题故事化，激起了学生的好奇心和求知欲。巧设问题情境，自然地揭示课题、导入新课。

（二）尝试探索

出示小军班上的座位表。

（1）学生说小军的位置是第几组第几个？预设学生的答案会有多种多样，原因是数的方法有多种多样。

（2）统一数的标准。

（3）学生重新再数小军的位置是第几组第几个？

（4）课件演示，让学生经历方格建模的过程，然后提问：小军的位置也可以是第几列第几行？

（5）学生尝试用简便的方法记录小军的位置。

（6）学生在黑板上写是怎样记录小军的位置的，并由学生解说，再由其他学生提出质疑，解决学生的困惑。

（7）课件演示用数对记录小军位置的方法。

（8）课件演示关于数对知识的数学史，让学生感受数对知识的来历。

（9）学生练习说小军的位置是（4，2），表示第4列第2行。

（10）学生用数对记录小青、小敏、小华的位置并汇报。引发学生思考：小敏的位置是（2，3），数对里面的2和3可以换个位置吗？小华的位置是（4，4），数对里面的每个4表示的意思相同吗？

（11）师生共同总结用数对记录位置的方法。

设计意图：本环节是本课的教学重点、难点部分。在重点知识的教学设计中，教师让学生充分经历了知识形成的过程：首先鼓励学生用自己喜欢的方式表示位置，再通过学生自己的对比优化，体会数对表示的优越性，最后让学生初步感知、应用并归纳、小结用数对确定位置的方法。整个教学过程学生在充分感受、经历、体验的过程中生成了新知识，达到了使知识深入学生脑海的良好效果。教学难点部分则运用多媒体动态演示，将主题图简化演变为方格图，让学生在动态视觉的冲击下，有了深入的感性认识，帮助学生抓住数学知识的本质内涵，从而有效突破教学难点。

（三）小试牛刀

（1）明确教室里的第1列，第2列……，第1行，第2行……并让学生明确自己的位置是第几列，第几行。

（2）指名学生用数对汇报自己的位置是什么，表示第几列，第几行。

（3）教师说学生名字，学生用数对确定位置。

（4）教师用数对确定位置，学生找同学。

（5）（4，1）（4，2）（4，3）——是这些位置的同学请起立，引导学生发现规律。

（6）（1，3）（2，3）（3，3）——是这些位置的同学请起立，引导学生发现规律。

（7）（5， ）可能是哪位同学的位置呢？（ ，4）可能是哪位同学的位置呢？

设计意图：教室是数对抽象的原型，结合学生的实际经验，让学生理解同一行、同一列位置上，数对的相同点及不同点，从而进一步激发学生的学习热情，深化学生对数对的理解。

（四）砸蛋游戏

（1）先让学生明白游戏规则。

（2）学生开始游戏，课件配合游戏。

设计意图：有趣的游戏设计，既有助于学生形成解决问题的基本方法，也有助于学生牢固构建数学知识体系。在这个环节中，教师以砸金蛋的游戏形式设计安排了不同层次、不同难度的练习题，在分层推进、变通灵动的练习活动中，学生既增强了应用意识，又提高了灵活应用的能力，更发展了思维的灵活性和深刻性。

（五）数学与生活

（1）课件出示学生所处位置的地图，让学生用数对的知识解决实际问题。

（2）拓展延伸，向学生介绍经纬度的知识（课件演示）。

设计意图：数学来源于生活，结合学生的生活经验，让学生充分了解数对在现实生活中的应用，使学生体会到生活中处处有数学，从而激发学生的学习兴趣、深化学生数学学习的动机。

（六）课堂小结

师生共同谈这节课的收获和体会。

设计意图：引导学生主动回顾思考，不仅梳理了主要知识结构，更能进行学习方法、数学思想的反思，为后续学习积淀经验能力。

（七）布置作业，如图1所示

看图完成下面的题目

1. 用数对确定下面景点的位置。

溜冰场 _____

儿童乐团 _____

海洋世界 _____

大门 _____

2. 下面位置表示什么景点？

（5，1）_____　　（6，4）_____

3. 现在小敏的位置是（4，2），你能把他的位置在方格纸上描出来吗？他要去溜冰场，请你画出他行走的路线。

图1

【教学反思】

本课教学目标：要使学生学会在具体情境中体会确定位置的必要性，并能够主动探索确定位置的方法；能在方格纸上用数对确定位置，初步感受坐标系知识；通过形式多样的确定位置的活动，使学生在探索知识的过程中发展空间观念，并增强其运用所学知识解决实际问题的能力；感受确定位置的丰富现实背景，体会数学的价值，产生学习数学的兴趣。

为了达成以上目标，我设计了四个环节。第一环节：故事激趣导入；第二环节：尝试探索，经历数对知识的产生过程；第三环节：结合实际，运用数对知识；第四环节：拓展延伸，升华提高。四个环节紧密联系，从探索到运用，再到拓展升华，层层深入、步步推进，使教学结构紧凑而且环环相扣，逐步实现本课的教学目标。

1. 成功之处

（1）结合生活情境，让学生理解数对。《小学数学课程标准》明确提出，"使学生感受数学与生活的密切联系，从学生已有的生活经验出发，让学生亲历数学学习的过程"。数对的表示方法是比较抽象的，但在生活中却有很多"原型"，如学生的座位位置。因此，我从学生可感可知的座位位置入手，由第几组第几个到第几列第几行引出抽象的数对表示方法，从而建立数学模型，符合学生由具体到抽象、从特殊到一般的认知规律。

（2）设计多种形式的活动，激发学生学习兴趣，让学生运用数对确定位置，再联系实际，运用数对知识。

（3）注重拓展教材，让学生体会数学来源生活，又应用于生活。在学生学会用数对确定位置后，又让学生了解利用经线和纬线确定地球上某一点的位置，介绍著名科学家笛卡儿的故事，让学生感受数学与生活的联系，拓宽了学生的视野，让学生感觉到，课虽上完了，但探索还在继续，同时教育学生善于观察、勤于思考，发现生活中的数学问题，用理想和奋斗确定自己人生的位置。

回顾这节课，学生在有意创设地来源于生活又富有活动性的学习情境中，学得积极主动，趣味盎然，在主动参与数学学习的过程中，体验到数学知识与生活的密切联系，也体会到了数学学习的有用性、重要性，真正做到了学以致用。

2. 不足之处

（1）当学生说小军的位置有很多种方法，教师问学生该怎么办的时候，引导语言不到位，导致所花的时间太多。这提醒自己今后应该更加注重练习教学基本功，提高自己的教学能力。

（2）自己的教育观念没有彻底改变，当学生尝试去记录好小军的位置时，当学生汇报时，应该彻底把机会交给学生，提高学生的质疑能力，促进学生的发展。

（3）板书设计还不够简练，没有给学生起到关键性的指导作用，这就反映了自己对教材钻研得不够深入，提醒自己今后更应要深入钻研教材，教给学生最具数学本质的数学知识。

"平面图形的面积复习"教学设计

韶关市翁源县实验小学 丘珊莲

韶关市翁源县龙仙第二小学 胡秀云

【教学内容】

复习课担负着查漏补缺，系统整理以及巩固发展的重任，但长期以来，由于文化性的缺失和目标定位的偏差，数学复习普遍呈现"回炉、炒冷饭"的现象，学生兴趣全无。如何上好复习课？在不同教育理念的影响下会产生不同的认识和做法。

我在设计本课教学时，注重体现以下几个方面：①以学生为主体，让学生通过一系列的自主探索、合作交流、动手实践等活动进行复习；②把教学的重点放在让学生重温各种平面图形面积计算公式的推导过程上，并放手让学生把这些平面图形之间的联系画成网络图，完善知识结构；③完善评价体系，多方位、多渠道对学生进行评价；④练习的设计注重数学与生活的联系，注重数学在生活中的应用。

【教材分析】

"平面图形的面积总复习"是小学数学第十二册"总复习"中的内容，是对小学数学中的平面图形面积计算进行集中复习，这是几何知识中最基础的部分。通过复习，可以弥补学生学习的缺陷，促进学生认知结构的完善。

【课程标准】

（1）课程内容既要反映社会的需要、数学学科的特征，又要符合学生的认知规律。不仅要包括数学的结论，还应包括数学结论的形成过程和数学思想方法。课程内容要贴近学生的生活，有利于学生思考与探索。内容的组织要处理好过程与结果的关系，直观与抽象的关系，生活化、情境化与知识系统性的关系。课程内容的呈现应注意层次化和多样化，以满足学生的不同学习需求。

（2）教师教学应该以学生的认知发展水平和已有的经验为基础，面向全体学生，注重启发式和因材施教，为学生提供充分的数学活动机会。要处理好教师讲授和学生自主学习的关系，通过有效的措施，启发学生思考，引导学生自主探索，鼓励学生合作交流，使学生真正理解和掌握基本的数学知识与技能、数学思想和方法，得到必要的数学思维训练，获得广泛的数学活动经验。

【教学目标】

（1）能熟练地运用平面图形的面积计算公式计算。

（2）探索知识间的相互联系，构建知识脉络，加深对知识的理解。学会整理知识，领会学习方法。

（3）通过小组学习活动，在讨论、交流中参与学习活动，培养合作意识。

（4）渗透"事物之间是相互联系的"的辩证唯物主义观点和"转化"的思想方法。

（5）体验数学与生活的联系及其在实际生活中的运用。

【教学重难点】

重点：①重现各种平面图形面积公式的推导过程；②计算公式的应用拓展。

难点：重现各种平面图形面积公式的推导过程。

【学情分析】

本课的复习对象是六年级学生。他们已掌握了一些平面图形周长与面积方面的有关知识，形成了一定的空间观念，虽然这一阶段学生的思维能力仍以具体形象思维为主，但其抽象逻辑思维能力已获得了一定的发展，已经具备了主动学习，自主思考的能力。对于老师提出的学习任务，他们有主动回忆、主动复习的内驱力，并能根据具体要求有序地展开思考、讨论，获得丰富的知识。他们也有能力将尚不清晰的相关知识加以整理，内化、整合，形成体系。

【教学方法】

本课综合运用创设情境、自主探究、合作学习等教学策略，设置自主质疑、小组交流、分组汇报等环节最终完成复习课教学。首先提供大量的学习资源，指导学生通过自主探索知识间的相互联系，构建知识网络，加深对知识的理解，并从中学会整理知识，领会学习方法。指导学生通过小组活动，进行学习，培养合作意识、学习能力。引导学生进行综合分析，指导学生进行创新，培养学生的逻辑思维能力。

【教学准备】

（1）媒体在教学中的作用：①提供事实，建立经验；②创设情境，引发动机；③举例验证，建立概念；④提供示范，指导操作；⑤呈现过程，形成表象；⑥演绎原理，启发思维；⑦设难置疑，引起思辨；⑧展示事例，开阔视野；⑨欣赏审美，陶冶情操；⑩归纳总结，复习巩固；⑪可自定义。

（2）媒体的使用方式包括：①设疑—播放—讲解；②设疑—播放—讨论；③讲解—播放—概括；④讲解—播放—举例；⑤播放—提问—讲解；⑥播放—讨论—总结；⑦边播放、边讲解；⑧边播放、边议论；⑨学习者自己操作媒体进行学习；⑩可自定义。

【教学过程】

（一）创设情境，引发情感

（1）播放龙湖美景视频，以谈话方式引入。

（2）出示"龙湖一景"图片。请学生观察图中应用了哪些学过的平面图形，并根据学生回答将图形一一贴在黑板上。

（3）引出课题——平面图形的面积复习。

设计意图：由家乡美景引入，激发学生对家乡的热爱与赞美，让学生学会欣赏美，并发现美丽龙湖蕴含的数学之美。同时自然地引入新课。

（二）点拨梳理，合作建构

1. 梳理旧知

（1）什么叫面积？常用的面积单位有哪些？

（2）这些平面图形中，你最熟悉哪个图形的面积公式？说说看，并用字母表示。（根据学生回答板书。）

2. 引导建构

（1）请学生在小组内说一说这些面积计算公式是怎样推导出来的。

（2）根据学生汇报随机演示课件。

（3）提问：我们在应用面积公式解决问题时，应注意些什么？

设计意图：梳理知识是复习课重要的一环。学生在老师的点拨下自己整理，及时反馈，可以理清知识间的脉络，及时查漏补缺，找准平面图形面积的意义、计算公式，以更好地形成清晰的知识网络。

3. 内化知识

（1）让学生用自己喜爱的方式设计一个能让人一目了然看出六种平面图形之间联系的网络图。

（2）让学生汇报，介绍自己的设计思路，并说明为什么这样画。根据学生交流结果整理黑板上的网络图。

设计意图：让学生自己动手画平面图形，可以使学生在记忆库中再现已学过的平面图形，建立思维链接，体验转化的思想，对知识高度概括，使理解更全面。从中渗透学法指导，可以让学生知道构建网络图也是一种复习整理知识的好方法。

（三）应用拓展，提高技能

（1）出示"龙湖一景"图，让学生计算各个图形的面积，完成表格。

（2）能力提升。例题：在铺设广场时，为了美观，要铺设一些半圆形的大理石，但使用的石材都是长2米，宽0.6米的长方形，怎样切割才能切成最大的半圆，而不浪费材料？切下来的边角料是多少？（只列式不计算。）

（3）拓展延伸。再次出示"龙湖一景"图及题目：现在要在左边的空地修建一个儿童游乐场，并在周围铺上一条32米长的塑胶小道，如果由你来设计，你想把它设计成什么形状？把你设计出来的图形画出来，并计算出面积。

设计意图：练习设计既注重基础知识的训练，又注重发展学生的思维能力和初步的空间观念。几个层次的练习抓住了学生的几种常见错误，起到了良好的复习巩固效果。人文化、生活化的题型，让学生乐于参与，充分体现了教学的有效性。

（四）总结评价，畅谈收获

出示评价表，请学生进行总结评价，畅谈收获。

设计意图：在让学生总结本节课的学习收获、梳理知识脉络的同时，关注学生在学习过程中的情感体验。

板书设计：

平面图形的面积复习，如图1所示。

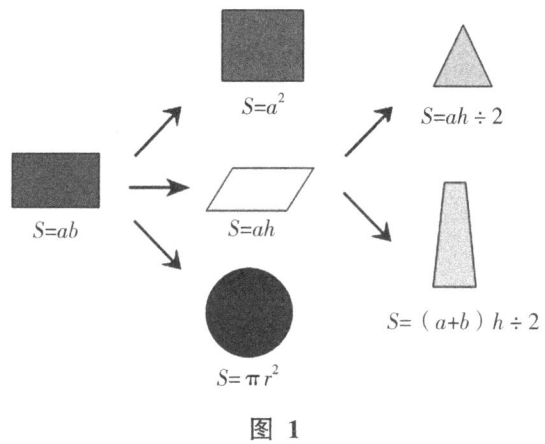

图 1

【教学反思】

1. 对本节课教学比较满意的地方

（1）让学生感受龙湖的美，家乡的美，激发学生爱家乡的情感，由此引出各种平面图形的平面图，贴切、自然，激发了学生的学习兴趣。学生在求知欲的驱动下，更好地完成了学习任务。

（2）以学生为主，让学生自主探索、合作交流，主动建构知识。教学过程中我始终把学生放在主体地位上，尽量让学生去说，去想，去做，让学生在参与中复习。如复习平面图形面积公式的推导过程时，先让学生在小组内合作共忆，再让学生在全班交流，最后我再结合学生的交流结果，运用课件演示图形面积公式的推导过程，浓缩了知识的来龙去脉，达到事半功倍的教学效果。

我让学生自主画出平面图形间的联系图，交流设计思路。学生通过画图掌握了"转化"的数学方法。

（3）注重数学的生活性，培养学生综合运用知识解决实际问题的能力。掌握知识，构建网络是复习的最终目的，但更重要的是应用。它可以帮助学生形成对知识的深层理解，提高学生灵活应用知识解决实际问题的能力，促进学生的发展。应用环节分两个层次："填表"属于第一层次，简单实用，夯实基础；后面两道例题属于第二层次，加强了数学与生活的联系，培养学生的数学意识，发展学生的思维能力和初步的空间观念，使学生清楚地认识到"数学来源于生活、寓于生活、用于生活"，感受到数学就在我们的身边，数学与生活同在。

2. 存在的不足

由于是复习课，所含知识广，时间有限（只有40分钟），对知识的运用不够全面，深度还不够。如何合理安排时间，如何让不同的学生都得到发展，是我今后教学应思考的问题。

"等量关系"教学设计

韶关市浈江区风采实验学校　任伟艳

【教学内容】

北师大版小学数学四年级下册第64～65页。

【教学内容】

　　"等量关系"是北师大版四年级数学下册第五单元《认识方程》第二课时的内容。学生之前在学习中，对等量关系也有了初步的感知，这是学习本课的基础。相比其他版本的教材，北师大新版教材将等量关系单独划出，这是一个重大改变。其他版本的教材往往都是在介绍方程知识时，对等量关系以一句话带过，这种简化处理容易导致学生对等量关系的理解仅停留在表面，对其内涵理解不深。方程的本质是描述现实生活中的等量关系，列方程解决问题的关键是找等量关系。鉴于等量关系的重要作用，教材为等量关系安排了独立的课时进行学习，突出体现了核心知识的作用与价值。

【学情分析】

　　四年级的学生尚处于形象思维为主，抽象思维刚刚萌芽的过渡时期。通过学前测试发现，以直观图的形式如天平称物图呈现等量关系，100%的学生能正确地用等式表示天平两边物体的质量关系。而学生虽然之前就接触过且很熟悉"速度×时间=路程"这样的公式，但并不知道这就叫等量关系，再举例学生也模糊不清，这说明学生对抽象的等量关系的理解还有一定的困难。

【教学目标】

基于以上对教材及学情的分析，我确定如下教学目标：

1. 知识与技能方面

采用多种方法，如口头语言、画图、写式子等，开展形式多样的体现等量关系的活动，通过这些方法之间的相互转化，让学生理解等量关系。

2. 数学思考方面

让学生在思考、讨论、概括的过程中，清晰地表达自己的想法，学会在实验活动中，研究解决问题的方法。

3. 问题解决方面

让学生在用多种方法表示等量关系的活动中了解等量关系，知道一个等量关系可以有不同的表现形式。

4. 情感态度方面

初步体会等量关系在日常生活中的广泛存在，体会数学的应用价值，在交流展示中体验学习的乐趣。

【教学重难点】

重点：对"量"的理解，寻找"等"，表示出等量关系。
难点：正确地表示等量关系。

【教学过程】

（一）创设情境，揭示课题

新课开始，我出示的课件是一组跷跷板动态图（见图1）。

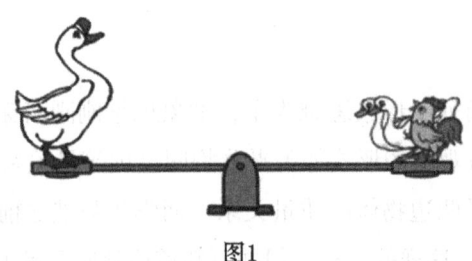

图1

师：请同学们认真观察跷跷板有什么变化？你发现了什么？

通过课件动态演示，让学生观察跷跷板由不平衡到平衡的变化，最后抽象出文字："1只鹅的质量=2只鸭子的质量+1只鸡的质量"。

设计意图：遵从学生的思维认识规律，结合学生的生活经验，展示一组动态感性材料，激发了学生的学习兴趣。

（二）初步感知"等量关系"

（1）揭示课题后，我再追问，在这个等量关系中，"量"指的是什么？"等"又指什么？

设计意图：在这里我让学生回头看，将"量"的概念放进具体情境中理解，再去寻找"等"，加深印象，并以"找量→找等→写出等量关系"（板书）为导线，引入本课的学习。

（2）通过观察直观图再一次让学生感知等量关系。

出示教材练一练第2题（见图2），请学生写出下图中的等量关系。

图2

设计意图：这两道题是从直观图片中寻找等量关系。我引导学生按"画图表示→找量→找等→写出等量关系"的顺序学习等量关系，目的是借助直观图片，从直观逐步到抽象，让学生进一步体会等量关系，熟悉等量关系的表达。

（三）寻找等量关系，建立模型

结合学生实际，为降低学生学习难度，我大胆尝试将教材中的问题串内容分散处理，将教材中直接出示的"笑笑、妹妹与姚明的身高关系"，改为先出示"笑笑"与"妹妹"的身高关系，引导学生从简单的等量关系入手，理解什么是等量关系，以及如何表示等量关系。

1. 引导学生用画图的方法分析题目中的数量关系

从图3中你能获得哪些数学信息？你能通过画图的方法表示题目中的等量关系吗？

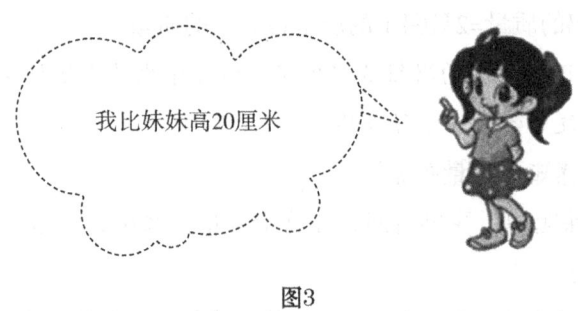

我比妹妹高20厘米

图3

学生独立思考、小组讨论、汇报展示。

设计意图：采用画线段的方法分析数量关系，正是基于该阶段学生以直观形象为主的学情特点而采用的方法。线段图能使其中的数量关系更直观地呈现出来，学生找等量关系就很容易了。

2. 教师规范演示（见图4）

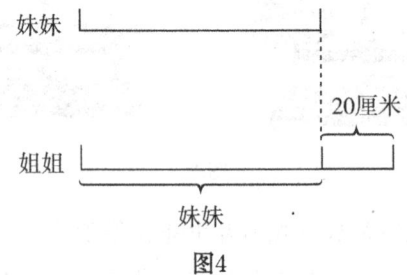

图4

师：老师画的图会自己说话，你听懂了吗？虚线表示什么意思？20厘米呢？为什么把表示妹妹的线段放在前面？

设计意图：通过此环节的教学，规范了学生的画图行为，也为其今后的学习打好了基础。

3. 指导学生看图分析题目中的数量关系

图画出来了，你能像老师这样用式子写出等量关系吗？

学生写出的结果有这两种：

（1）妹妹身高+20厘米=笑笑身高。

（2）笑笑身高-20厘米=妹妹身高。

4. 构建学习模式

与学生共同回顾在问题情境中寻找等量关系的方法。

（1）画图表示→找量→找等→写出等量关系。

设计意图："模型思想的建立是学生体会和理解数学与外部世界联系的基本途径。"

（2）利用模型，出示课本主题图，让学生自主寻找教材原题的等量关系。

学生独立操作，小组交流，汇报展示：

①妹妹身高+20厘米=笑笑身高。

②笑笑身高–20厘米=妹妹身高。

③妹妹身高×2=姚明身高。

④姚明身高÷2=妹妹身高。

⑤姚明身高÷2=笑笑身高–20厘米。

设计意图：新课标要求教育必须以学生的发展为本。我引导学生以自主探究、合作交流的方式参与学习活动，引导学生再次经历操作、画图、找量、找等、写出等量关系的过程，让学生在动手操作、思考与交流中，了解知识的产生过程。最终通过直观的线段图，把抽象的等量关系形象化，完成从感性认识到理性认识的过渡。

5. 新旧知识整合

师：这是我们以前学习中遇到过的问题，你还记得是怎样解决的吗？你能说出列式的理由吗（见图5、图6）？

● 生活中的等量关系

1.《教学故事》每本3.2元，3本共多少元？

3.2×3=9.6（元）
单价×数量=总价

2.淘气每分钟走60米，从学校到少年宫用了10分钟，从学校到少年宫的路是多少米？

60×10=600（元）
速度×时间=路程

图5

● 四则运算中的等量关系

1. 请你根据加法算式8.4+18.3=26.7，写出两道

减法算式。

26.7-18.3=8.4   26.7-8.4=18.7

和减一个加数等于另一个加数。

图6

设计意图：这三道题可以立即让学生产生对原本抽象等量关系的熟悉感。在这里，我对学生的知识碎片进行了整合，使数学"横成遍，竖成线"。

6. 创设等量关系

用等式45-a=15描述一个数学事件。

设计意图：新课标指出："创新意识的培养是现代数学教育的基本任务，应体现在数学教与学的过程之中。创新意识的培养应该从义务教育阶段做起，贯穿数学教育的始终。"为了充分地发散学生的思维，培养学生的创新能力，前面的题都是根据数学事件写出等量关系，而本题正好相反是由等式描述具有等量关系的数学事件，体现数学的逆向思维。

7. 课后作业

写一写生活中的等量关系。

设计意图：学生在生活中有意或无意接触和感受到的数学事实，是其学习数学的基础和重要资源。所以我让学生从生活经验出发，寻找等量关系，进一步理解等量关系。

板书设计：

等量关系

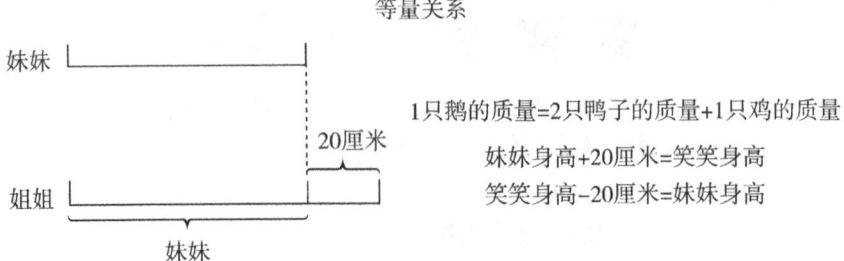

1只鹅的质量=2只鸭子的质量+1只鸡的质量

妹妹身高+20厘米=笑笑身高

笑笑身高-20厘米=妹妹身高

画图表示→找量→找等→写出等量关系

【教学反思】

整节课我通过创设情境，揭示课题，让学生初步感知等量关系；引导学生在具体问题情境中寻找等量关系，理解掌握等量关系；在让学生对所学知识进行整合的同时深化学生对等量关系的理解；在数学事件的叙述中巩固等量关系。在引导学生在具体问题情境中寻找等量关系这个环节，考虑学生的认知水平，我将教材进行灵活运用，先让学生寻找两个量的等量关系，让学生通过画图分析、找量、找等，最终形成等量关系的认知。然后让学生利用这一学习模式自主完成教材寻找三个量的等量关系的任务。

"搭配中的学问"教学设计

韶关市新丰县实验小学　唐牡丹

【课题名称】

"搭配中的学问"。

【教学内容】

北师大版数学三年级上册"数学好玩"单元。

【教学目标】

（1）结合"搭配服装"等现实情境，探索并掌握简单的搭配方法，能用合适的方法表示各种搭配方法。

（2）在尝试、展示、交流过程中，逐步学会按照一定的顺序思考解决问题。

（3）在探索用不同的方式表示搭配方法的过程中，培养符号意识。

【教材分析】

"搭配中的学问"这一课的内容讲的是排列组合问题。排列与组合不但是学习概率统计知识的重要基础，而且在日常生活中也有着非常广泛的应用。在教学中，通过观察、操作以及实验，学生能够找出最简单的事物排列组合的方法。但以往我们常常过分注重最终的结果，而忽视了让学生经历搭配方法的探索过程。因此，在本节课中，我充分利用各种素材，引导学生观察、操作，使

学生逐步学会顺序、全面地思考问题。在探索、展示和交流的过程中，我关注学生个性化的表达，帮助学生学会用学具、图形、字母等，表示搭配结果，通过交流逐步建立搭配的意识。

【学情分析】

"搭配中的学问"是北师大版小学《数学》三年级上册第三单元的内容，课前我先布置了一个关于搭配的练习让学生进行搭配。从练习的结果可以看出，三年级的学生在生活中遇到有关搭配的问题，能够进行较简单的搭配，但是缺乏有序的思考，无法进行有序的搭配。所以这节课要通过搭配活动以及学生之间的交流、探讨，让学生学会有序的思考和搭配，使其从中体验合作学习带来的快乐，激发学生学习数学的兴趣。

【教学重难点】

重点：学会简单的排列组合方法。
难点：学会有序地思考问题。

【教学准备】

PPT、纸牌、图片等。

【教学过程】

（一）创设情境，导入新课

（1）PPT出示学校元旦文艺会演照片：同学们，这是什么时候的照片？

（2）我们学校的生活丰富多彩。儿童节快到了，学校要举行游园活动。美美是我们学校的同学，今天她起得特别早，她想把自己打扮得漂漂亮亮的，去参加六一联欢会。她从衣柜里挑出了这几件衣服，但是不知道怎么搭配才好。同学们，你们能帮帮她吗？

（二）动手操作，自主探究

活动一：探究搭配的方法

（1）PPT出示搭配服装要求。一件上衣搭配一件下装，如图1所示。

图1

（2）明确搭配要求：读一读，我们该遵循什么搭配原则？

（3）四人小组讨论，利用手中的图片摆一摆，说说搭配的过程。统计有几种搭配方法，小组长做好记录。

（4）出示图片，指名学生到黑板上摆一摆。如果学生摆放的方法有误，则让其他学生指出来，并说明理由。

评价学生搭配方法（搭配方法：有序，不遗漏，不重复）。

（5）学生在学习单上连线，教师展示学生作品，强调"有序"。

活动二：探讨搭配的符号表示方法

（1）提问：像这样的表示方便吗？你有什么更好的表示方法？在学习单上画一画。

（2）展示学生作品，根据学生的答案板书表示方法：画图表示、符号表示、文字表示、字母表示。

活动三：学习对几种搭配方法进行统计

（1）在同学们的帮助下，美美终于把衣服挑好了。接下来她要去吃早餐啦（PPT出示早餐的种类）。如果用一种饮料搭配一种主食，有多少种搭配方法？

（2）读学习要求，让学生在学习单上连一连。

（3）展示作品，学习计算方法（每连线一次就让学生数一个数，如1，2，3……）。

（4）找出统计的规律。

（5）拓展：如果再增加一种饮料（或一种主食），如图2所示，有几种搭配方法？

图2

设计意图：新课标指出："学生是数学学习的主体，教师是数学学习的组织者、引导者和合作者。"根据这一理念，我循序渐进地组织学生进行了三次学习活动，通过搭配服装，让学生学会"有序、不重复、不遗漏"的搭配方法；从用图片过渡到用符号表示搭配的方法，培养了学生的符号意识；在学会了怎样进行搭配的基础上让学生再学习有序记录搭配的种类，培养了学生的条理性。每一个活动都是在学生感兴趣的情境中展开的，充分激发了学生的学习兴趣。在探究新知识的过程中，教师充当引领者，所有的活动都是由学生在小组内合作探究完成的，既培养了学生的动手操作能力，又培养了学生的团队精神及合作能力。

与信息技术相结合点。"有序地进行搭配"以及"用符号表示搭配的方法"对于三年级的学生来说是比较抽象的问题，也是这节课的教学难点，通过PPT直观演示，把抽象的问题变得更加形象，化解了本节课的难点，学生能更直观、准确地理解搭配的要求。

（三）结合游戏，验证成果

1. 选主持人游戏

（1）美美来到学校，舞台早就布置好了，老师想从两男三女5位同学中选一名男同学和一名女同学当主持人，共有多少种搭配方法？在学习单上用符号表示出来。

（2）指名学生到讲台上说。

2. 配数游戏

（1）PPT出示题目：儿童节联欢会开始了，第一个节目是评选数学小博士。题目是用"2、9、6"这3个数字可以组成多少种不同的三位数？（每个数字只能用一次。）其中最大的三位数是多少？最小的三位数是多少？

（2）读题，然后在学习单上写一写。

设计意图：这个环节顺应前面的情境，通过在联欢会上选主持人、配数游戏等学生喜闻乐见的形式，把本节课的练习融入游戏中，有效地消除了学生在练习环节中的疲劳感，使学生在玩游戏的过程中不知不觉地巩固了本节课的知识。

3. 选择路线游戏

（1）PPT出示题目，评选最佳小导游，如图3所示。

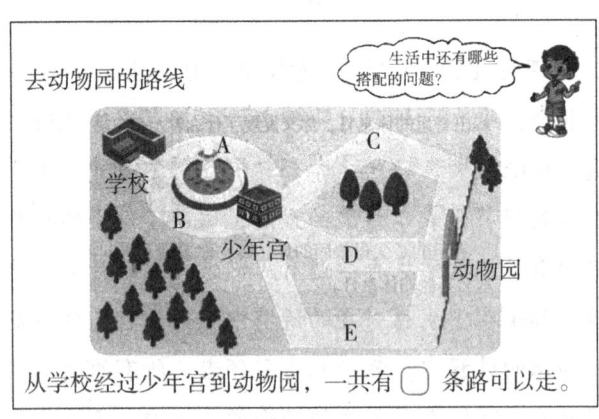

图3

（2）小组抢答。

设计意图：通过PPT演示，把学生带入六一联欢会的场景，有效地吸引了学生的注意力，创造了一种轻松愉快的课堂氛围，让学生在玩中学，在学中玩。

（四）拓展延伸，学以致用

1. 玩牌游戏

（1）PPT出示游戏规则：3局2胜，每人每次出一张牌，数字大的获胜。老师的牌为4、6、8，学生的牌为3、5、7。

（2）你有什么办法可以取胜？小组讨论。（学生说不出来就先进入下一环节——听故事。）

2. 听故事《田忌赛马》

（1）MP4出示故事《田忌赛马》。

（2）听完这个故事后你受到什么启发？回到刚才的玩牌游戏，请学生到黑板上摆一摆。

设计意图：《田忌赛马》是有名的通过改变搭配的方法反败为胜的故事，安排在学生与老师玩牌输了以后，目的是让学生通过故事受到启发，然后改变搭配方法，在玩牌游戏中获胜，做到学以致用，体验成功的喜悦。

与信息技术结合点：通过一节课的学习，学生会出现疲劳感，这时用MP4出示故事，相当于给学生注入一剂"兴奋剂"可以激发学生的学习兴趣，有效地调动了课堂气氛。《田忌赛马》故事，如果单靠文字描述，学生还是很难理解搭配的方法，通过MP4播放，学生能更直观地理解怎样通过改变搭配方法反败为胜。

（五）回顾反思，以评促学

（1）通过这节课的学习，你有什么收获？

（2）你觉得自己今天的表现如何？其他同学呢？

设计意图：让学生通过交流、评价，认识到自己在上课过程中的优点与不足，促进今后的学习。

（六）学以致用，促进发展

回家试着帮妈妈搭配一天的饭菜。

设计意图：通过完成这个作业，让学生把学到的知识运用到实际生活中去，让学生体会到数学来源于生活又应用于生活的重要意义。

【教学反思】

"搭配中的学问"这节课主要是让学生通过观察、操作、讨论、演示等方法，体会搭配的"有序、不重复、不遗漏"原则。这节课通过"参加六一文艺会演"这条主线，用一系列的情境把每个教学环节串联起来，让学生身临其境，在轻松愉快的氛围中学习知识。在新授课环节，通过小组操作、讨论等方法来学习知识，培养了学生的合作能力和团队精神。运用《田忌赛马》的故事，可以让学生体会搭配在生活中的应用。通过这个故事，可以让学生明白不同的搭配会产生不同的结果，并以此来指导实践（学生通过听故事受到了启发

懂得在玩牌的环节怎样以一手劣牌取胜）。

在这节课中，我借助PPT和MP4等信息技术手段，把学生带入创设的情境中，使抽象的知识变得直观，使学生在轻松、愉快的氛围中不知不觉地掌握了搭配的有关知识。

本节课在设计时结合学生感兴趣的元素对教材进行了整合，但一些教材中很好的练习没有用到教学中去。如何做到既兼顾学生的兴趣，又充分利用课本的有用资源，是我今后在教学中要思考的问题。

"运算律"教学设计

韶关市始兴县高峰小学　张晓艳

【教学内容】

北师大版小学数学六年级下册P76～77。

【教材分析】

　　运算律包括加法交换律、加法结合律、乘法交换律、乘法结合律和乘法分配律。这些运算定律在数与运算中起着非常重要的作用，在数系的扩充过程中也起着非常重要的作用（人们总是希望在新的数系中运算律能尽量成立）。课标对这部分内容的要求是，探索和理解运算律，能应用运算律进行一些简单运算。除法的性质与减法的性质在数的运算中也起着很重要的作用，但是学生却对这两个性质比较陌生，因此，本节课特意将这两个性质放进来与五个运算定律一起复习。

【学情分析】

　　学生对运算律有了一定的知识经验，但是在实际计算中却往往出错，这源于学生的应用意识和应用能力还比较欠缺，往往不能构建运算律与数的运算之间的内在联系。因此，在教学中要着重引导学生灵活运用运算定律进行简便运算，充分发挥运算律在计算中的作用，提高计算的正确率。

【设计思路】

本节课是复习课，复习课与新授课、练习课不同。根据本班学生的知识水平和认知规律，我在课前设计了"预习案"，鼓励学生通过小组合作学习的方式完成"预习案"，对运算律和运算性质先有个比较全面的了解。课堂上我先让学生小组讨论交流，再让学生汇报各自的学习情况，鼓励学生错了的改正、漏了的补充、多了的删掉，使其对运算定律和运算性质理解深刻，记忆牢固。最后通过各种各样的练习把运算定律和运算性质应用于实际运算中，提高学生应用意识与能力，计算速度与正确率。

【教学目标】

1. 教师的教学目标

（1）知识与能力

使学生掌握五个运算律和两个运算性质，能够用字母表示其关系式，能够灵活运用运算定律和运算性质进行简便运算，解决实际问题。

（2）过程与方法

让学生经历用多种方法验证五个运算律和两个运算性质的过程，使其能够根据具体情况，合理选择算法，发展思维的灵活性。

（3）情感、态度与价值观

使学生在数学活动中获得成功的体验，进一步增强学习数学的兴趣和信心，逐步形成独立思考和探究问题的意识和习惯。

2. 学生的学习目标

（1）构建运算定律和运算性质的基本结构体系，灵活运用运算定律或运算性质进行简便运算。

（2）体验运算定律和运算性质的价值，增强应用数学知识解决实际问题的意识和能力。

（3）养成认真倾听、积极思考、踊跃发言、合作交流、自主练习等良好的学习习惯。

【教学重难点】

引导学生用多种方式验证运算律和运算性质。

【教学方法】

教学方法：情境法、激励法、对话法、练习法、尝试法。

学习方法：课前预习、小组合作、讨论交流、自主探究、举例验证。

【教学准备】

1. 教具准备

多媒体课件、实物投影仪、"预习案"、学习报告单、小黑板。

2. 课前预习

请同学们带着以下问题预习教材第76页和第77页，并完成"预习案"里的表1和表2。

（1）整数的运算定律（5个）和运算性质（2个）有哪些？请你把它们的名称和字母关系式分别写出来。

（2）请你用多种方法（列算式、画图、面积模型等）验证这些运算定律和运算性质。

（3）整数的运算定律和运算性质在小数和分数运算中成立吗？请你举例说明。

（4）自学教材第77页第3题和"数学万花筒"，谈谈你的收获。

【教学过程】

（一）创设情境，激趣导入

师：俗话说"条条大路通罗马"，在数学中"条条大路通罗马"的现象是普遍存在的，但是，无论做什么事情都要追求效率高效果好的目标，因此，我们要选择一条捷径去罗马。在计算题中，通往"罗马"的捷径是运算定律和运算性质。（板书课题：运算律。）

师：关于运算定律和运算性质，你们想知道什么？

（1）引导学生提出数学问题。

（2）归纳学生的问题：

①运算定律和运算性质有什么区别？

②运算定律和运算性质有什么特点？

③运算定律和运算性质有什么作用？

④运算定律和运算性质的字母关系式是怎样的？

师：同学们提出的数学问题都很准确，而且都提到了点子上，这些问题将在复习的过程中得到落实，就让我们带着这些问题走进今天的数学课堂吧。

设计意图：利用俗语创设情境，激趣导入，再趁热打铁引导学生提出数学问题，让学生带着问题去复习，培养学生提出数学问题的能力，使学生的复习具有针对性和目的性。

（二）明确目标，确定方向

课件展示学习目标，引导学生明确学习目标，确定努力方向。

（1）构建运算定律和运算性质的基本结构体系，灵活运用运算定律或运算性质进行简便运算。

（2）体验运算定律和运算性质的价值，增强应用数学知识解决实际问题的意识和能力。

（3）养成认真倾听、积极思考、踊跃发言、合作交流、自主练习等良好的学习习惯。

设计意图：有目标就有动力，有动力就有行动，学习目标的确定，可使学生明白自己本节课要做什么，应该怎样做。

三、交流回顾，系统复习

1. 观察下面的算式，说一说怎样计算才能又快又对

$499+35+501 =$ $254-78-22 =$

$25 \times （10+4） =$ $72 \div 4 \div 3 =$

设计意图：引导学生说出每道题的简便算法，说出运用了什么运算定律或运算性质，为复习运算定律和运算性质奠定基础。

2. 复习整数中常见的运算定律和运算性质

师：刚才同学都使用了某些运算定律或运算性质达到了又快又对的目的，那么，常见的运算定律和运算性质有哪些呢？你能够写出它们的字母关系式吗？你能够用多种方式验证这些运算定律和运算性质吗？

3. 小组合作学习，完成"预习案"中的表1

表1

五个运算定律		
运算定律名称	字母关系式	举例验证
两个运算性质		
运算性质名称	字母关系式	举例验证

　　鼓励学生课前完成，课内交流，重点交流字母关系式和验证过程，发现错误要改正，发现遗漏要补充。在学生充分交流后，展示部分小组的学习成果，引导其他学生认真观察，有不同意见举手发言，使学生全面理解和掌握五个运算定律和两个运算性质，能够用多种方式举例验证这些运算定律和运算性质。

　　设计意图：在"预习案"中设计表1让学生课前完成、课内交流，通过自主探究、讨论交流、查漏补缺等学习活动，让学生构建运算定律和运算性质的基本结构体系，得以理解深刻，记忆牢固，运用自如。

4. 课件展示五个运算定律和两个运算性质（见表2）

表2

运算定律和运算性质名称	运算定律和运算性质字母关系式
加法交换律	$a+b=b+a$
加法结合律	$a+b+c=a+(b+c)$
乘法交换律	$a \times b=b \times a$
乘法结合律	$a \times b \times c=a \times (b \times c)$

运算定律和运算性质名称	运算定律和运算性质字母关系式
乘法分配律	$(a+b) \times c=a \times b+a \times c$
	$(a-b) \times c=a \times c-b \times c$
减法性质	$a-b-c=a-(b+c)$
除法性质	$a \div b \div c=a \div (b \times c)$

设计意图：鼓励学生认真对照，进行查漏补缺，对五个运算定律和两个运算性质有全面、正确和深刻的理解。

5. 练习巩固

下面的计算分别应用了什么运算律或运算性质？

86+35=35+86

（　　　　　）

$76 \times 40 \times 25=76 \times (40 \times 25)$

（　　　　　）

72+57+43=72+（57+43）

（　　　　　）

$125 \times 67 \times 8=125 \times 8 \times 67$

（　　　　　）

$127 \div 25 \div 4=127 \div (25 \times 4)$

（　　　　　）

$46 \times 37+37 \times 54=37 \times (46+54)$

（　　　　　）

$4 \times 8 \times 25 \times 125=4 \times 25 \times (125 \times 8)$

（　　　　　）

437−161−39=437−（161+39）

（　　　　　）

设计意图：趁热打铁进行巩固练习，及时培养学生运用所学知识解决实际问题的能力，使学生深刻体会运算定律和运算性质与计算题的内在联系。

6. 整数运算定律和运算性质在小数和分数运算中的应用

师：刚才我们复习的是整数的运算定律和运算性质，但是，生活中我们不仅会遇到整数运算，还会遇到小数和分数运算。整数的运算定律和运算性质在小数和分数的运算中适用吗？你能够举例验证吗？请拿出"预习案"中的表3进行讨论交流，发现错误及时改正，发现遗漏及时补充。

表3

整数五个运算定律在小数和分数运算中的应用	
运算定律名称	举例验证（小数和分数，选一个自己喜欢的举例）
整数两个运算性质在小数和分数运算中的应用	
运算性质名称	举例验证（小数和分数，选一个自己喜欢的举例）

鼓励学生课前完成，课内交流，重点交流所举的例子是否能够证明整数运算定律和运算性质在小数和分数运算中也成立，发现错误要改正，发现遗漏要补充。在学生充分交流后，展示部分小组的学习成果，引导其他学生认真观察，有不同意见举手发言，使学生彻底明确整数运算定律和运算性质在小数和分数运算中同样适用。

设计意图： 在"预习案"中设计表2让学生课前完成，课内交流，使学生亲身体会到整数运算定律和运算性质在小数和分数运算中同样适用，进一步体会运算定律和运算性质的实用性和应用的广泛性。

四、分层练习，巩固应用

1. 牵线搭桥

不计算，直接把结果相等的式子用线连起来。

46+32+54 $13 \times 10+13 \times 0.2$

$25 \times 49 \times 4$ （8×125）$\times 36$

13×10.2 $546+785-146$

（$546-146$）$+785$ （$46+54$）$+32$

$8 \times$（36×125）   （25×4）$\times 49$

（重点引导学生说出每道题运用了什么运算定律或运算性质。）

2. 数学医生

对的在括号里打"√"，错的在括号里打"×"。

$35 \times 1.6=35 \times 2 \times 0.8$ （　　）

$126-53+47=126-$（$53+47$）   （　　）

$88 \times 99+88=88 \times 100$ （　　）

$73 \times 37-73 \times 37=0$ （　　）

$73+37-73+37=0$ （　　）

$0.83 \times 99=0.83 \times$（$99+1$）   （　　）

（用错的题目重点引导学生说出错在哪里，如何改正。）

3. 牛刀小试

灵活运用运算定律或运算性质计算下面各题。

（1）$48 \div 25 \div 0.4 =$ （2）$546+785-146 =$

（3）$0.7+3.9+4.3+6.1 =$ （4）$8 \times 4 \times 12.5 \times 0.25 =$

（5）$2.7 \times 4.8+2.7 \times 5.2 =$ （6）$905 \times 99+905 =$

（7）$4.37+\dfrac{1}{8}+0.63+\dfrac{7}{8} =$ （8）$36 \times$（$\dfrac{3}{4}+\dfrac{4}{9}-\dfrac{5}{6}$）$=$

（可以全部做完，也可以选择自己喜欢的或自己会做的题。）

4. 综合应用

运用多种方法解答下面的应用题（见图1）。

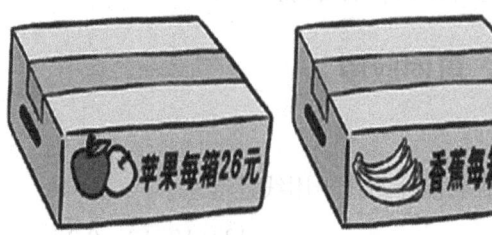

图1

两种水果各买4箱，共需要多少元？

鼓励学生先独立完成，再在组内交流，重点交流各种解法、每一步的具体意义以及这些解答方法体现了什么运算定律或运算性质。最后请代表做小老师上台板演和讲解，其他学生进行点评。

5. 知识拓展

学习"数的扩充（二）"。

（1）$8 \div 2 = 4$ （2）$4 - 2 = 2$

$4 \div 2 = 2$ $3 - 2 = 1$

$2 \div 2 = 1$ $2 - 2 = 0$

$1 \div 2 = ?$ $1 - 2 = ?$

这个结果是整数吗？   这个结果是正数或零吗？

这个结果是多少？   这个结果是多少？

引导学生讨论交流以上问题，然后指名学生汇报，最后教师小结，使学生深刻体会到分数和负数是怎样产生的，并认识其产生的必要性。

数的扩充（二）

从数的运算来看，任何两个正整数相加，结果仍然是正整数，我们说加法运算在正整数范围内是"通行无阻"的。但是，任何两个正整数相减，结果却不一定是正整数，有了0和负数，减法运算在整数范围内也就没有"障碍"了。同样，一个整数乘一个整数，结果还是整数，但是，一个整数除以另一个整数，结果不一定是整数，于是又有了分数……由此可见，满足运算的需要，是数的扩充的另一个重要原因。

引导学生自学"数学万花筒"，组内交流自学感受或收获，然后派代表汇报。最后教师小结，重点使学生明白数的扩充，是为了满足运算的需要。

设计意图：分层练习，体现了学生的认知规律，也使所学知识逐层深入，增强学生运用所学知识解决实际问题的意识和能力，使学生再次体会到：数学知识来源于生活，应用于生活；数学要学，数学有用。

（五）反思评价，课外延伸

师：这节课我们复习了什么内容，你认为自己的表现怎么样，别人的表现又如何，你有什么收获，还有什么疑问吗？请独立完成学习报告单，然后组内交流，最后交给老师，见表4。

表4

课题	内容
我的表现	自觉预习（　　　）　　认真倾听（　　　）　　积极思考（　　　） 踊跃发言（　　　）　　自主练习（　　　）　　合作交流（　　　）
我的收获	掌握五个运算定律和两个运算性质（　　　） 能够举例验证运算定律和运算性质（　　　） 能够正确运用运算定律和运算性质进行简便运算（　　　） 提高了计算的速度和正确率（　　　） （此空白处学生可以填写其他收获）
我的疑惑	对五个运算定律和两个运算性质理解不够（　　　） 不能举例验证运算定律和运算性质（　　　） 不能正确运用运算定律和运算性质进行相应的简便运算（　　　） 计算的速度比较慢，正确率比较低（　　　） （此空白处学生可以填写其他疑惑。）
值得我学习的人	小组长（　　　）　　记录员（　　　） 汇报员（　　　）　　其他同学（　　　）
自我评价	优（　　　）　良（　　　）　一般（　　　）　差（　　　）

备注：在（　　　）里打√，除自我评价外，其他均可以多选。

鼓励学生先独立完成学习报告单，在组内交流，然后派代表汇报，最后将报告单上交给老师。

设计意图：人没有反思，是不能获得本质上的进步的。学习报告单让学生评价自己和他人的学习行为和学习结果，在评价中反思，在反思中评价，在评价反思中扬长避短，不断进步。

（六）结束全课，布置作业

（1）预习下节课要复习的内容，并尝试做一做相应的练习。

（2）用简便算法计算下面两道题。

① $1.8 \times 25 + 18 \times 7.5 =$　　　　　② $3 \times \dfrac{1}{4} + 7 \div 4 + 2 \times 0.25 =$

设计意图：这两道题有点难度，对学生有挑战性，旨在训练学生思维的深刻性和灵活性。鼓励学生独立完成。有困难的学生可以先交流再完成。交流时着重说说算法，然后说说运用了什么运算定律或运算性质。

【教学反思】

本课的教学，紧扣《义务教育数学课程标准》，体现了本校"生本教育"的课堂教学理念。以学生为主体，以数学活动为主线，以"自主探究与合作学习相结合"为学生获取知识的主要方式，旨在培养学生良好的学习习惯和学习方法，发展学生的空间观念，培养学生的核心素养和学科素养，达到了预期的目标。

"数图形的学问" 教学设计

韶关市韶钢第四小学　吴太待

【教学目标】

（1）结合问题情境，让学生经历把生活中的现实问题抽象成数学中的数图形的过程；利用多样化的画图策略让学生经历解决问题的过程，发展几何观念。

（2）让学生在学习数图形的过程中，逐步形成有序思考的良好习惯，做到不重复、不遗漏，发展推理能力。

（3）让学生在发现规律的过程中，能够独立思考和自主探究，有条理地表达解决问题的过程和结果，增强学习的自信心，提高对数学问题探索的兴趣。

【教学重难点】

把生活中的现实问题抽象成数图形的数学问题，并能进行有序的思考，做到不重复、不遗漏。

重难点：在有序思考的基础上发现数图形的规律。

【教学过程】

（一）创设情境，提出问题

1. 鼹鼠钻洞

师：大家听说过鼹鼠吗？（课件出示鼹鼠图。）它最擅长挖土、钻洞。看这幅图，它可以怎么钻呢？

师：请同学们一起来读题。任选一个洞口进入，向前走，再任选一个洞口钻出来。

师：请同学们说一说，它可能会怎样，并上台演示一下。

师：一共有多少条不同的路线呢？（展示课件，引导学生用手中的纸、笔、尺画图，并数一数。）

这就是我们今天要学习的课题——"数图形的学问"（板书）

（二）自主探究、解决问题

活动1：想一想，用什么表示洞口，用什么表示路段？（小组交流，由学生展示作品并说一说。）

活动2：按顺序能数出有多少条不同的路线？画一画、连一连、写一写，记录你数的过程，并与同伴交流数法。

先请一名学生上台汇报他的数法，然后询问全班：你们都能听明白他的数法吗？再请另一名学生上台复述刚才那位同学的数法，然后再询问全班：你们大家都同意他的数法吗？好，现在，我们大家伸出小手，一起来数一数。（在全班学生一起数的过程中，教师可用电脑演示。）

用课件将两种解法放在一起进行对比展示，并让学生说一说这两种解法分别是按照什么顺序来数的。板书并写出算式。

方法1：按线段的长短来数共3+2+1=6（条）。

方法2：按起点的位置来数共3+2+1=6（条）。

小结：谁来说说，在数线段的过程中，应该注意哪些问题？

板书：按一定的顺序来数，不重复、不遗漏。

再问：这两种解法中，哪种解法更快、更好？不急，经过活动3的学习，你们自然就会明白了。

（三）巩固练习，掌握规律

展示课件后，问学生：请认真观察，从红薯站到土豆站，一共有多少个站？如果你是公交车的售票员，那么单程行驶需要准备多少种不同的车票呢？

活动3：

（1）如果有红薯站、西红柿站、茄子站、胡萝卜站和土豆站共5个汽车站，单程需要准备多少种不同的车票呢？（画一画、数一数，再互相说一说你是怎样数的。）学生汇报后，课件展示算式。

（2）如果有6个汽车站，单程需要准备多少种不同的车票呢？（画一画、数一数。）学生汇报后，课件展示算式。

（3）如果有7个汽车站呢？8个汽车站呢？（画一画、数一数。）学生汇报后，课件展示算式。

师：（点击课件）对比这四组答案，你发现了什么？（鼓励学生大胆说一说，不论从任何角度，只要能说出一定的规律，就给予表扬）课件展示教师看出的规律。（此处并不要求学生说出产生规律的缘由）

（四）回顾总结，梳理知识

（1）说一说你在本节课中收获了什么？

（2）师：按一定的顺序来数对于数线段来说很重要，其实它对于数角、数三角形、数长方形、数正方形也同样重要，所以，以后不管在数什么图形时，都要按一定的顺序来数，才不会重复和遗漏。

课后作业：数一数图1，一共有多少个角？

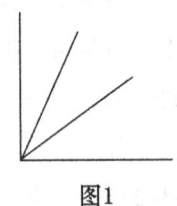

图1

板书设计：

数图形的学问

按一定的顺序来数：不重复、不遗漏。

方法①：按线段的长短来数共3+2+1=6（条）。

方法②：按起点的位置来数共3+2+1=6（条）。

"辨认方向"教学设计

韶关市武江区至和汤邓淑芳纪念学校　张玉辉

【教学内容】

北师大版小学数学二年级下册P17～18。

【教材分析】

学生已会辨认东、南、西、北，无论在生活中还是在图纸上，大部分学生都能用语言描述物体的相对位置。所以这一节课是在学生学会辨认东、南、西、北的基础上进一步学习东南、东北、西南、西北四个方向的。本节内容包括三部分：第一，复习东南西北四个方向；第二，在方向板上认识东南、东北、西南、西北四个方向；第三，借助方向板辨认东南、东北、西南、西北四个方向的景物位置。教材呈现了一个街区地图，地图以学校为中心，在它的东、南、西、北、东南、东北、西南、西北方向上各有一个景物，本节课围绕学校这个景物，展开了对上面三部分内容的讨论。

【教学运用及处理】

为了达到教学目标，根据教材提供的素材、学生的年龄特点和学生已有的知识水平，我对教材的运用做了如下处理：

（1）根据教学目标、教学内容和我班学生的实际情况，更换情境主题图，把街区地图9个景物换成低年级学生喜欢的《喜羊羊与灰太狼》这一动画片中的9个形象。这样一换，大大吸引了学生的学习兴趣，提高了学生的学习积极性。

（2）调整教学课时。根据学生的实际，降低本节课的难度。把教材上的"制作方向板，到操场上看一看，记录校园各个方向有什么，再和同伴说一说"这一内容放到第二课时，本节课只探讨地图上每个景物的方向与位置问题。

（3）精心设置练习。为了让学生熟练掌握本节课的内容，完成教学目标，我对练习进行了调整。首先，我把本节课所有的练习当成一个小故事来进行教学，这样学生更有兴趣参与练习，积极思考解决问题办法。其次，我把课本第三题的题目进行了调整。原题是结合辨认方向，提高学生有余数除法的计算能力。我把题目计算难度降低，把重心放在指认方向上，并把第三题放到了第二题。最后，增加了难度，让学生体会位置变化的相对性，更增加了练习趣味性，符合低年级学生的心理发展特点。

【教学目标】

1. 知识与技能

（1）结合具体情境，知道东南、东北、西南、西北四个方向，发展初步的空间观念。

（2）能运用东、南、西、北、东南、东北、西南、西北描述物体所在的方向，体会数学与现实生活的联系。

（3）在制作方向板的过程中，激发学生的学习兴趣和探究欲望。

2. 过程与方法

（1）通过让学生看一看、想一想、说一说、做一做、认一认，加强学生对四个方位的认识和辨认能力，使学生能根据方位确定物体的位置。

（2）将丰富的生活素材融入教学，创设生动、有趣的情境，培养学生从多种角度思考问题的能力，体会解决问题方法的多样性。

3. 情感态度与价值观

让学生亲身经历发现问题、提出问题、解决问题的过程，体验探索成功的快乐。

【教学重难点】

重点：认识东南、东北、西南、西北四个方向。

突破方法：利用学生已有的知识与经验突破。

难点：能用东南、东北、西南、西北四个方向词描述物体所在的方向。

突破方法：让学生在活动中建立方向感。

【教学方法】

教法：引导、探究、合作。

学法：自主学习与小组合作交流结合。

【教学准备】

课件、制作方向板的卡纸。

【教学过程】

（一）复习铺垫，游戏激趣

1. 复习课室里的四个方向

我们认识了哪四个方向？我们上课的屏幕就在教室中心的西面，那么你们背后是哪个方向？老师指着的方向是哪个方向？这个手指的又是哪个方向？

2. 小游戏

游戏规则：面向北——拍拍手，转向东——踩踩脚，面向南——点点头，转向西——拍拍肩。

3. 复习地图上的方向

地图是按什么方法作图的？与北相对的方向是哪个方向？与西相对的方向又是哪个方向？

（二）实践探究，激趣解疑

1. 创设情境，激发兴趣

师：喜欢看《喜羊羊与灰太狼》吗？今天《喜羊羊与灰太狼》动画片中的动物们都来了。你们看，这是谁？谁站在最中间？美羊羊、红太郎、沸羊羊、灰太狼分别在小灰灰的哪个方向？

（1）学生回答。

（2）根据学生的回答课件展示结果。

师：看，谁来了？懒羊羊在正东方向吗？在正北方向吗？在正南方向吗？

在正西方向吗？那懒羊羊究竟在哪个方向？

（3）引出课题——辨认方向。

2. 调动经验，初步感知

（1）认识东北

师：刚才同学们说懒羊羊在东北方向，为什么说这个方向叫作东北方向呢？请同学们讨论一下。

①学生讨论交流。

②学生汇报。

③教师小结：懒羊羊在东和北之间或者说在北和东之间，通常把东和北之间或者说北和东之间的方向叫作东北方向。

（2）认识西北

师：喜羊羊也来了。他在小灰灰的正西方向吗？在正北方向吗？能给喜羊羊的方向起个名字吗？请同学们讨论一下。

①学生讨论交流。

②学生汇报。

③教师小结：喜羊羊在西和北之间或者说在北和西之间，通常把西和北之间或者说北和西之间的方向叫作西北方向。

（3）认识西南和东南；

师：暖羊羊和慢羊羊也来了，他们希望同学们也能给他们的方向起个名字。请同学们讨论一下，想想该叫什么名字。

①学生讨论交流。

②学生汇报。

③教师小结：暖羊羊在西和南之间或者说在南和西之间，所以暖羊羊在小灰灰的西南方向。而慢羊羊在东和南之间或者说在南和东之间，所以慢羊羊在小灰灰的东南方向。

3. 分步梳理，构建模型

（1）记忆方向词

师：到现在为止我们一共认识了几个方向？是哪几个？

师：如果老师把这几个方向删除，同学们还能记得住吗？老师给同学们1分钟的时间读一读，记一记。想想怎样才能记得住。

① 学生回答。

② 根据学生的回答，教师课件展示回答结果。

师：你是怎么记住这四个新方向的？

① 学生回答；

② 根据学生回答，教师适当评价。

（2）方向板

师：这是一个方向板。小灰灰请同学们把刚才的8个方向放在这个方向板上。地图的上方一般确认为什么方向？北已经标出来了，剩下7个方向，请同学们拿出自己的方向板认真、快速地填写完整。

① 学生独立完成。

② 教师巡视指导。

师：谁愿意把自己的作品展示给大家看？

（指名学生汇报。）

师：你觉得他们的作品做得怎么样？你们做得跟他们的一样吗？

（学生回答，教师适当评价。）

（3）辨认方向

师：美羊羊和沸羊羊请老师考考同学们。考题是：你能正确辨认方向吗？

师：谁愿意接受挑战？

① 指名学生演示。

② 师说生贴。

③ 教师适当评价。

师：请同学们认真观察，东北与哪个方向相对？西北又与哪个方向相对？

① 指名学生说。

② 教师小结。

（三）故事激趣，拓展应用

导语：刚才羊儿们和小灰灰跟我们一起认识了新的方向，现在他们准备带我们到青青草原玩。

1. 借助方向板，填一填

师：到青青草原要经过一个打谷场，要通过打谷场要先回答下面这四个问题（出示）。找到方向标，认真观察，想想这四个建筑物分别在打谷场的哪个

方向？

（1）学生独立完成。

（2）指名回答。

2. 算一算、标一标

师：喜羊羊想了个指路办法。算一算，想想该怎么走？

（1）学生齐读题目。

（2）学生回答并用手指方向。

3. 观察地图，填一填

师：现在我们又顺利通过了十字路口，慢羊羊拿来一幅地图让我们看。

师：这是什么地图（中国地图）？你知道我国的首都在哪里吗？请同学们告诉慢羊羊吉林、上海、台湾这三个地方分别在北京的哪个方向上。

（1）学生独立完成。

（2）指名学生汇报，集体订正。

师：知道我们韶关属于哪个省吗？广东在北京的哪个方向呢？

（1）学生独立思考。

（2）指名学生汇报，集体订正。

师：慢羊羊问，如果他们到了台湾，那么吉林、四川、广东又在台湾的哪个方向？

师：慢羊羊问，为什么吉林、四川、广东的方向不一样呢？同学们讨论一下，说说是怎么回事。

（1）学生独立思考。

（2）指名学生汇报，集体订正。

过渡语：慢羊羊说你们回答对了，青青草原的大门为你们打开了。恭喜同学们顺利到达青青草原。

4. 找礼物

师：慢羊羊给我们准备了许多礼物，要拿到礼物就得告诉慢羊羊这个礼物在"到"字的哪个方向。

（1）学生独立思考。

（2）指名学生汇报，集体订正。

（四）体会感悟，畅谈收获

（1）同学们，这节课过得开心吗？慢羊羊村长，请你们说说这节课有什么收获？

（2）结束语：慢羊羊村长请同学们下节课到羊村做客，你们愿意吗？

板书设计：

辨认方向

西北　东北

西南　东南

下 篇

教 学 成 果

"网络学习社区与小学数学学科的整合" 实验方案

韶关市翁源县龙仙第二小学　　胡秀云

一、课题提出

1. 课题研究背景

（1）随着信息技术的发展，网络学习社区成了当代社会需求和科学技术及学与教理论相结合的产物。信息技术时代的到来，促使教育逐步走向网络化、虚拟化和个别化。现代教育技术的发展为现代教育注入了新的活力，多媒体技术代表了现代教育技术发展的方向。从教学规律看，多媒体教学系统具有多种形式呈现信息非线性网状结构的特点，符合教育认知规律。从教学模式看，多媒体教学系统既可以进行自主学习，又能相互合作学习。从教学手段看，多媒体教学系统强调以计算机为中心的多媒体群的作用，从根本上改变了传统教学中教师、学生、教材三点一线的格局。在多媒体网络教学环境下，现代教育技术给基础教育课程改革提供了新的教学环境和工作平台。面对这种日新月异的数字化生存环境，小学阶段教师如何利用网络优化小学数学教学，建构网络信息化学习环境，有效利用网上资源，建构基于网络环境的教学模式、探索基于网络环境的教学设计理论，是一个需要迫切研究、探索的问题。因此，运用网络技术，优化小学数学教学有着十分重要的意义。

（2）校园多媒体教学网络系统的教学和信息技术课的开设，为培养和提高人的信息素质和能力提供了可靠的保障。网络化的实现，使得数学课堂教学中的多媒体信息量更多、更丰富。网络化的多媒体教学设计根据教学目标和教学

需要，适当采用图、文、声、像等多媒体信息，多层次、多角度地展开教学内容，充分发挥人的多种感官功能，提高学生的学习质量和学习效率，实现教学最优化。网络化的实现最明显的特点就是有利于个别化学习，学生不论在学校还是在家里都可以共享网络上的教学资料。学生可根据自己的学习情况，进入校园网，获得校园网的资源，进行自主学习。在网上，学生之间可以展开问题的讨论，还可以在线请教老师。老师也可单独辅导个别学生的学习。对各种网络环境下教学模式的探究是摆在广大教育工作者面前的一个全新的课题。积极探求实现信息技术的应用与学科课程教学过程有效整合的规律、途径、模式、策略和方法，实现把信息技术的教育任务和学科教学的优化统一在同一教学过程中，对教育的改革与发展具有十分重要的意义。

（3）代表信息革命的通信技术和多媒体技术的发展，推动着现代教育技术向多维化、智能化、广域化信息网形成和发展，引起了人类思维方式和学习方式的变革，对教育各个方面都产生了深远的影响。现代教育技术给学校教育带来的影响，一方面促使具有优势互补条件的学校加强联合，因为计算机网络可以使学校之间的联合变得非常容易，且不受地域限制；另一方面进一步加剧了学校之间的竞争，其对每个学校的影响并不取决于地域因素，更多取决于它能给学生提供的信息的质量和数量，这也将促使学校努力提高教学质量。当今数学信息发展更加趋向多样化、科学化，知识的更新异常迅速，教育的主要目标不再是掌握和应用数学知识，而是培养数学观念和能力，培养数学信息的收集和筛选能力，培养自主创新学习、终身学习的能力，等等。网络技术为数学信息时空一体化提供了展现舞台，为数学信息的立体化、形象化呈现，提供了技术平台。

2. 课题理论基础

（1）《义务教育数学课程标准》提出对现代信息技术进入数学课程领域采取"大力开发"的策略。还指出：现代信息技术要"致力于改变学生的学习方式，使学生乐意并有更多的精力投入到现实的、探索性的数学活动中去"。现代信息技术与数学课程的整合突出体现在以下几个方面。①信息技术与数学课程内容的有机整合。过去的数学课程，往往人为地制造数据，以致远离真实情境和原始数据。现在借助计算机、计算器等工具，学生可以进行数据计算，特别是能够求解与实际问题有关的数学问题，有利于更好地体会数学的应用价值。②提高数学课程教学效果。应用信息技术可以实现许多以往教学中难以呈现的课程内容。例如，一些空间图形较其他的数学模型更加直观、形象，更易于从现实情境中抽象出数学的概念、理论和方法。发展学生的数学观念，要发展观察、操作、实验、探索、合情推理等方面的"过程性"。③有效利用信息技术，改变学生的学习方式。学生可以在网络上收集资料，学生之间、师生之间可以通过网络进行交流等，学生有更多的机会动手、动脑、思考和探索。

3. 现代数学理论

《小学数学新课程教学法》关于在《标准》中教学建议的分析里指出：充分运用现代信息技术，有条件的地区应尽可能在教学过程中使用现代教育技术，增加数学课程的技术含量，充分利用现代教育技术在增加师生互动、形象化表示数学内容、有效处理复杂的数学运算等方面的优势，去改进学生的数学学习方式、增进学生对数学的理解，最终提高数学教学质量。

4. 现代数学家理论

现代数学家提倡运用现代信息技术传递文字、图形、影像、声音、动画等教学信息，使教学活动富有趣味性和启发性。学生是通过形象认识世界的，而运用现代信息技术传递的数学教学内容正取代了单纯的数学概念的描述，丰富了学生的感性认识，使学生精神集中、长久地注意与思考，促进其思维能力的发展，激发学生的求知欲，使学生乐于学习这门课程。

基于以上情况，我选择了"网络学习社区与小学数学学科的整合"的教学模式进行研究。

二、研究目的

为进一步深化素质教育，倡导真实学习，针对现行小学数学知识模块教学中存在的学习内容缺乏现实背景、学习知识与发展能力脱节、学生不能学以致用等问题，我选择了"网络学习社区与小学数学学科的整合"教学模式进行研究，旨在通过三年的实践，达到以下目的。

1. 运用网络技术，优化小学数学的教学

在原有的教学方法基础上，使用计算机和多媒体技术、网络技术等，把文字、图形、影像、声音、动画等融入教学活动中，激发学生的学习动机，使学生快速而深刻地理解教学内容，牢固掌握知识技能，发展智力。

2. 培养学生的创新精神和创新能力

数学知识的直观形象呈现，能增强学生的好奇心，加深学生对数学的理解，激发学生潜在的创造力，逐步形成创新意识，促进学生主体性的发展。

3. 初步发展学生的数学观念

借助现代教育技术的教学，不仅能有效发展学生的推理能力，而且能引导学生感受数学的思想方法，体验数学学习的乐趣，逐步积累数学活动经验，体验数学推理的力量，发展数学观念。

三、研究原则

1. 创新性原则

要实施对"网络学习社区与小学数学学科的整合"教学模式的研究，教师必须勇于创新，勇于突破传统教学的种种束缚。

2. 主体性原则

教师要树立"以人为本"的思想理念，在研究过程中，充分发挥学生的主观能动性，把主动学习的权利还给学生，努力创设一种开放、民主的教学氛围，使学生真正成为探究问题的主人。

3. 情境性原则

通过多种途径和方法丰富学生的知觉，再现生动的情境，营造适合开展想象活动的氛围，激活学生的创造性思维。

4. 开放性原则

研究过程中，实验教师既要培养学生的个性，又要兼顾学生的学情，尊重学生的个性差异，因材施教，最终达到"不同的人在数学上得到不同的发展"的目的。

5. 激励性原则

实验教师要把握好激励性原则。要充分尊重学生创新意识发展的差异性，实施差异评价，激励学生多层次参与，让学生学会探索问题、解决问题，磨炼学生的坚强意志，使学生体验成功的喜悦。

四、研究方法

本实验以行动研究法为主，辅以调查法和经验总结法。

（1）用个案研究法积累教学案例。

（2）用行动研究法使实践工作能够付诸实施，并在实践活动中及时发现问题，及时调整实施方案和研究思路。

五、研究的范围与对象

本课题研究的范围：北师大版《数学》四年级上、下册，五年级上、下册，六年级上、下册的数学知识。

本课题研究的对象：实验班——四（2）班、对比班——四（3）班。

六、研究的内容

"网络学习社区与小学数学学科的整合"以义务教育阶段《义务教育数学课程标准》为依据，以网络技术为支撑点，以"创设情境提供信息，自主探究师生互动，点拨归纳灵活运用，自我评价知识反馈"为模式，优化小学数学的教学，作为实验课题进行实验。借助网络创建多样化的学习方式，鼓励合作交流、自主探究学习，使数学学习活动成为生动活泼、主动和富有个性的过程，建构网络学习社区的教学模式。

七、课题研究变量

自变量：在各种网络环境下优化数学教学，可操作以下三个方面的变量，即教材、教学过程、网络媒体。

因变量：①学生通过网络媒体掌握知识的水平；②学生创新精神和创新能力的培养；③学生数学观念的初步发展。

八、课题实施计划

1. 实验准备阶段（2015年12月—2016年7月）

研究内容：

（1）成立课题研究小组，明确成员职责。

（2）初步收集课题研究相关资料。

（3）制订、论证课题研究方案，完成实验方案、开题报告及实验计划。

（4）组织课题组成员学习开展课题研究的理论知识和方法。

（5）对学生进行网络技术的指导与培训，使学生能初步利用网络进行数学学习。

本阶段的成果形式是：课题研究方案。

2. 实验研究阶段（2016年8月—2018年7月）

研究内容：按实验方案的相关要求，积极深入开展课题研究，全面落实研究内容和措施。积极开展研究和探讨，组织学生进行各种网络学习的综合与实践活动，通过参与相关主题的讨论，提供相应网络链接的学习。重点突出实验规定内容的实践与探究，并进行课题中期检查及方案调整。

阶段成果形式：

（1）课题网站。

（2）典型的实验教学案例、课件及录像等。

（3）学生数学日记、活动记录、活动图片。

（4）相关研究内容的初步论文等成果。

3. 课题实验总结、结题阶段（2018年8—12月）

研究内容：

（1）按实验方案的具体要求，收集各项资料，撰写研究报告，将课题研究资料整理汇编成册。

（2）做好课题的结题与鉴定准备工作，筹备召开结题会，接受总课题组专家的评估鉴定。

最终研究成果形式是：实验报告、实验论文、课题研究资料汇编、实验案例与设计、录像等。

九、课题研究的措施、管理

为保证实验课题顺利开展，采取下列措施和管理方法：

（1）成立课题领导小组，争取人力、物力、财力支持。

（2）加强监控，由领导小组定期对实验进展工作进行总结，发现问题及时处理，做好监督管理工作。

（3）实验教师要认真学习理论，认真钻研业务，积极探讨教学方法，扎实教学基本功。

（4）加强实验资料的收集和管理。

十、课题研究机构

（1）领导小组组长：胡秀云。

（2）领导小组成员：陈丽英、丘珊莲、罗国强、邓旭明、曾丽英。

（3）实验研究成员：胡秀云。

（4）实验研究指导：县电教站、县教研室。

参考文献

［1］刘兼，孙晓天.全日制义务教育数学课程标准（实验稿）［M］.北京：北京师范大学出版社，2002.

［2］陈清容，吕世虎.小学数学新课程教学法［M］.北京：首都师范大学出版社，2004.

［3］裴娣娜.教育研究方法导论［M］.合肥：安徽教育出版社，2002.

［4］李康.现代教育技术教程［M］.广州：广东高等教育出版社，2003.

"网络学习社区与小学数学学科的整合"结题报告

韶关市翁源县龙仙第二小学　胡秀云

一、内容目标

1.研究的内容和要解决的关键问题

本研究要解决的关键问题是，如何借助现代教育技术，全面提高学生数学学习能力。

（1）借助现代教育技术，全面提高学生利用网络学习数学的有效策略研究。

（2）现代教育技术资源在数学学习实践活动中的开发与利用的研究。

（3）借助信息技术环境，开展数学研究性学习的各种不同学习方式与形式。

2.研究的目标

（1）探究如何依托信息技术，对课内课外学习进行整合，课前、课中、课后合理安排时间，围绕学生身边的学习资源，开展各种研究性学习，让学生自主获取知识。

（2）坚持让学生自主选择和主动参与的原则，发展学生的创新精神和实践能力。

（3）坚持课上学习，课下巩固的原则，提高学生的信息素养，注重学生的亲身体验和积极实践。

二、研究的进展

我校的"网络社区与小学数学学科的整合"科研实验已开展2年多，我们经历了课题前期准备、专题网站的研发、信息技术环境下的数学学习活动研究三个阶段，在上级部门及华南师范大学总课题组的悉心指导、鼎力协助下，经过实验教师艰苦不懈而富有成效的研究，取得了一定的成绩。

1. 建立教研共同体，提高科研意识

"网络社区与小学数学学科的整合"研究，涉及的内容和空间非常大，需要多元的知识和能力。课题组的数学研究活动由数学学科教师负责，共同来做好网络信息技术环境下的数学学科学习活动研究工作。本学科教师的加入，使我们学校的网络信息技术环境下的数学实验活动开展得如虎添翼，最大限度地发挥了数学教师的集体优势，提高了网络数学学习活动的效益。学校信息技术环境下的数学实验教师是这个教研的共同体，他们认真学习，更新观念，具备了利用信息技术获取信息资源的能力、选择和评价信息资源的能力以及应用信息资源的能力。学校还为教师之间进行信息交流、经验分享和专题讨论提供了平台，营造了求真、务式、严谨的教研氛围。

2. 利用信息技术，培养学习主人

现代教育网络信息技术数学教学的真正生命力在于为学生提供探索研究、主动学习的良好环境，提供丰富的学习资源。在实验中，教师营造相对宽松的时间和空间，让学生成为数学学习的主角，学生在自己探索的过程中，提高了获取、处理以及运用信息解决数学问题的能力，逐步学会独立思考，提高了自主学习数学的能力，学会了学习数学，提高了数学教学效益。

下面是对实验班学生（40人）在数学中运用网络信息学习情况的调查统计，见表1。

表1

测试内容 / 检测时间	学习兴趣				自主合作探究能力				操作能力解决问题的能力				信息意识			
	优	良	中	差	优	良	中	差	优	良	中	差	优	良	中	差
实验前	6	17	9	8	8	15	10	7	9	12	10	9	6	9	19	6
实验中	8	18	9	5	12	15	9	4	14	12	11	3	14	10	11	5
实验后	13	18	7	2	18	17	4	1	18	14	6	2	17	13	7	3

3. 利用信息技术，创设信息环境

网络汇集丰富的共享资源，包括丰富的信息资源和丰富的导师资源。在学习过程中，伴随着情境性问题的产生，学生需要了解各种不同的具体信息。而网络由于具有极其丰富的信息资源，正逐步成为我们知识、信息的重要来源。只要愿意，都可以在网上得到答案，而且可能是专家级的建议。学生在开展数学学习活动时，常常会产生许多新奇的点子，只需要把自己的创意转变成现实可行的东西，信息技术的运用就可以为他们提供这个便利。学生可以将自己的创意发在网上，与网友进行讨论，让大家提供合理化的建议，也可以检索相关资料，看自己的创意是否具有独创性。

例如，在教学《统计》时，笔者课前先拍下了一段反映县城建设红绿灯附近的道路交通状况的录像，然后引导学生从这一生活实例来学习统计知识、研究统计问题。注意从学生熟悉的现实生活中寻找数学知识的"原型"，依靠学生对感性材料的直接兴趣，激发学生创新。又如，教学"亿以内数的读法和写法"时，我在课前安排学生自己通过上网等途径，收集有关数据。课上请学生代表汇报。学生带来的材料有飞机的飞行路程、光的速度、全国人口总数、我国的人均收入、工厂一天的生产、全国水稻年产量……生动的富有教育意义的和有说服力的数据材料，不仅让学生轻松地完成了本节课的教学任务，而且成功地接受了一次爱国主义的思想教育。这样的教学活动，不仅有助于达到信息技术与数学教学整合的目的，而且有助于学生运用网络在最短的时间内掌握更多的知识，让学生以最新的方法学习数学知识。

4. 利用网络信息，满足学生学习需求

《义务教育数学课程标准》提出：学生的数学学习内容应当是现实的、有意义的、富有挑战性的；而内容的呈现则应采用不同的表达方式，以满足学生多样化的学习需求。网络技术可实现对小学数学教学最有效的组织与管理。它管理的信息不仅是文字，还包含图形、图像、声音、视频等各种媒体信息。通过这些载体，可以在最大程度上增加课堂信息容量和提高教师控制教学信息的灵活性。合理利用网络技术能给学生多重感官刺激；直观形象的教学可有效改善学习方式，加快学生的理解进程，增强学生的数学认知能力。

如在教学小数的四则运算中，我利用多媒体播放"文具店"购物的情境，让学生在购物中体会单价、数量、总价之间的数量关系在生活中的应用，学会

计算巩固小数的加减乘除。如一本练习本的标价是1.5元，这个1.5元表示什么？一个小学生手中拿着5本练习本，这个5表示什么？收银负计算的又是什么呢？学生从中可以体会单价、数量、总价在超市中的广泛应用。接着让学生自己在"文具店"购买学习用具。同桌之间互相说一说：你是怎样做的？根据什么数量关系式？这样根据现代信息技术的特点在课堂上让学生购买文具，让学生身临其境，零距离接触生活实际，感受数学知识的生活原型，增强了学生学习的兴趣，增强了学习数学的情感体验。

5. 利用信息技术，转变数学学习方式

网络学习资源不受时间、空间和地域的限制，不管是老师还是学生，在整个课题研究活动中收获都不少。学生利用网络搜索工具、电子书、多媒体百科全书等进行数学研究学习，使用文稿演示完成的研究报告，使用数据库和电子表格录入和分析调查得到的数据。强大的网络资源为学生的学习提供了强有力的支持，为数学学习提供了广阔的空间，转变了传统的学习方式：有问题需要和老师、同学交流的，QQ群里见面，在里面老师、同学们自由讨论、沟通；作业完成了，发个电子邮件给老师，请老师批阅。

例如，教学数学实践活动课《走进大自然》时，首先制作了一个漂亮的大自然封面，并配以轻松愉悦的与课题有联系的音乐导入新课，接着组织网上调查，分工合作，交流信息。再让学生根据调查结果，提出课题、选定保护大自然的宣传方案。之后利用网络优势，设计广告，汇报成果，进行宣传。这个活动打破了以往上课的时空界线，以拓展数学实践活动的时空范围、提升数学实践活动的实施水平，更好地体现了数学课堂的开放性以及数学实践与网络信息技术的整合。

6. 利用信息技术，激发学生自主探索的欲望

小学《数学新课程标准》倡导自主学习、合作学习与探索学习。可应用信息技术，创设情境，让学生主动参与数学活动中进行自主探索，亲自去体验，更能强烈地激发学生的学习兴趣，可以更全面、更方便地揭示新旧知识之间的联系。

如教学"三角形面积的计算"时，我就利用多媒体为学生提供了一个做数学实验的机会，让学生主动发现、自主探索三角形面积的计算公式。我在教学中利用课件几何关系、交互性的特点，让学生自己去做两个完全相同的三角

形。再让学生利用课件的"平移""旋转"，把两个完全相同的三角形拼成一个平行四边形。这种动态的操作过程，给学生进行比较和抽象创造了活动的空间和条件。然后又引导学生主动探索、观察、发现、讨论、交流三角形面积计算公式与已学图形面积计算公式之间的内在联系，大胆推导三角形面积计算公式。最后让学生利用几何画板对计算公式进行验证，从而实现对知识的理解和掌握。

7. 构建多元评价，促进师生发展

利用先进的信息技术，能够得到及时、全面、客观、公正、真实、高效的数学课评价。通过网络的日常对话，对学生提出问题的能力、解决问题的能力、沟通能力等方面进行了解，弥补了学校过程性评价的不足。同时因其不受时间、空间的限制，透明度高，每个人都可以发表自己的看法，互相启发，取长补短。网络化评价，是教师与学生共同协商、互相关怀、充满民主、平等科学的评价，让每个学生都有机会，真正促进学生综合素质的全面发展。

三、研究的成果

阶段性工作总结、研究报告、研究课例、教学设计、研究论文等齐全，各项工作开展得扎实有效，研究成果丰富。通过第一阶段的学习和第二阶段的初步研究，教师的信息技术思想和理论水平都得到了很大的提高，这些技能被逐步传授给学生，并在学生中得到升华。在实验师生间建立了QQ群，便于师生在整个实验过程中随时了解学习情况，及时查阅相关材料，经常性地建立研究性的档案。同时，开辟生生之间、师生之间交流互访园地，为数学学习活动搭建了一个网络平台，提供了一个优良的信息化的环境。

四、研究工作存在的问题

（1）课堂教学是主阵地，要处理好网络社区与数学教学的关系，以知识内容为基础，不脱离学生的实际，既要相对独立，又要与数学教学进度配合。

（2）学生在进行基于网络信息的课堂教学中，由于年龄小，上网搜索有关信息或是在指定的资源库中查找资料时，很容易不听指挥或忘记原来的学习任务，削弱了自主学习的效果。

"小学数学开放性问题设计的研究"课题论文

——浅谈小学数学开放性问题的设计

韶关市翁源县龙仙第二小学　陈丽英

随着科技的发展，信息领域呈现多元化、网络化、开放式的特点，它要求学习者在开放的信息中获取有用的信息。传统教学以教师、课堂、教材为主的学习方式已明显不能满足学生对知识与获取途径的渴求。为此，教师要有意识地挖掘生活中蕴含的丰富教学资源，让学生在学数学、用数学的同时感受自然、社会和生活。下面，我就一年来的探究与实践谈谈数学教学中开放性问题的设计。

一、开放性的练习设计，让不同的学生获得不同的发展

《全日制义务教育数学课程标准》对教师的教学要求是"要创造性地使用教材""内容设计要有弹性，关注不同学生的数学学习要求""可以就同一问题情境提出不同层次的问题或开放性的问题，以使不同的学生得到不同的发展"。开放性的练习设计恰恰符合这一理念。设计开放性练习时，我从条件开放、问题开放和解题方法开放等方面入手，促进学生发散、灵活、创造性地发展思维。如在教学北师大版小学数学三年级上册第五单元后，我设计了"有两个同样的长方形，长15厘米，宽8厘米，若拼成一个长方形，这个长方形的周长是多少""一个长方形的周长是22厘米，如果长和宽都是整数，那么它的长和宽分别是多少厘米"等开放题，其开放性的结论有效地促进了学生发散性思维的发展。在教学北师大版小学数学三年级下册第一单元后，我设计了"下面是小华做的一道题28.9-2.7=1.9，其中的一个数字错了，请你帮他改正好吗"的开

放题，问题的开放促进了学生创造性思维的发展；又如在教学北师大版小学数学三年级上册第三单元后，我设计了"一辆三轮车最多可装水果360千克，现有两种水果，梨每筐重60千克，苹果每筐重40千克，可以怎样装车"的开放题，让学生解答。有以下几种情况：①能够用一种方法解答（少数学困生）；②能够写出两种以上的方法（大部分学生）；③不仅能够写出所有的方法，还能够使自己的方法条理化，体现逻辑顺序（从大到小依次找出60的倍数，再依次用360减去60的各个倍数，从差中找出40的倍数）（少数优等生）。这样的教学保证了班级学生全员参与，使全体学生各有所得，均衡发展。

开放性练习的设计必须适应不同层次学生的需要，而不是局限于适应少数尖子生的难题、怪题、偏题。它的低起点既要能照顾学困生的解答水平，又要能鼓励优等生寻求更多、更好的解答方法。

二、开放性的作业形式，让学生感受到生活中的数学

数学调查就是采用参观、访问、查阅资料等多种形式对现实生活中与数学相关的某一问题进行有目的、有计划的了解和分析的活动。数学调查把书本知识与实际生活相联系，不仅开阔了学生的知识视野，而且能够提高学生收集和处理信息的能力。

在学习时间计算后，我布置了一道这样的作业：选择并调查一处你家附近的邮政、银行或中国移动等营业网点的营业时间，计算该网点一天及一周的营业时间。教学"旅游中的数学"之后，布置的作业是调查本班学生及3名老师从县城龙仙到青云山风景区的旅游路线、乘车所需时间及旅途所需费用等，以小组为单位，设计一个旅游计划。作业上交时限为一周，以便学生充分调查、周全计划。又如，在学习"周长""面积"后，我组织学生测量学校篮球场的长和宽，计算篮球场的周长和面积。这样的作业安排，学生将在课堂上学到的知识运用到生活中，满足了学生求知的愿望，产生了强烈的教与学的共鸣，同时也让学生在生活实践中学会解决数学问题。

心理学研究表明：学生学习内容和学生熟悉的生活背景越接近，学生自觉接纳的程度越高。将教学内容与生活实际有机结合，在数学与生活之间架起桥梁，让学生学会有用的数学，学生就会亲近数学，学好数学。

三、开放性的实践活动，让学生解决问题的能力得到发展

学习活动的自主性决定了"问题探究"课堂教学是一种非直线的、开放性的教学。开放性的数学活动课的中心是让学生在日常生活与学习中"发现问题→探究问题→解决问题"。我把学生发展的空间交给学生，使数学活动课在教学过程、目标、方法、评价等方面，形成自由开放、整体发展的机制，力求使活动课成为解决问题的"探究课"、问题解决后的"汇报课"，产生学习动力的"激励课"，知识运用的"指导课"。

例如，在一节非常有意义的数学活动课伊始，我以谈话引入："在节假日，爸妈都带你们外出旅游了吗？你去过哪些旅游景点？有什么好玩的？给同学们介绍一下，让我们一同分享快乐。"话音刚落，有外出经历的学生就踊跃发言，说出自己曾经去过的地方和感兴趣的旅游活动。我不失时机地引入课题："生活中处处有数学、处处需要用数学，你们在旅游中遇到数学问题了吗？是怎么解决的？"学生争先恐后地说出一大堆的问题，有旅游路线、行程、时间计算、坐车、住宿、吃饭、购物费用等。我出示租车主题图后，引导学生："你能从图中找到什么信息？需要解决什么问题？"学生在独自思考、小组交流后，教师对汇报方案、计算方法适时给予点拨："怎样租车最省钱？为什么？"学生再次活跃起来，你一言我一语，讨论再次掀起高潮。经过一番争论，学生达成共识，一致认为租车最省钱的策略是：尽量用大车，同时空位尽可能少。

学生通过这样的活动深刻体会，对所获的信息采用不同的处理方法，会得到不同的解答结果。这对解决生活中的实际问题具有特别实用的指导意义。

四、开放性的学习评价，让学生享受成功的快乐

美国心理学家马斯洛指出："每个人在出色完成一件事后，都渴望得到别人对他（她）的肯定和表扬，这种表扬就是激励人的上进心，唤起人的高涨情绪的根本原因。"当学生通过独立思考、长时间的探究，终于解决了一个对他来讲是新奇而富有挑战性的数学问题时，他能从中体验到一种成就感，这是一种强有力的、令人愉快的情绪体验，并会再次产生体验成功的需要。在课堂教学中，教师一句激励性的评语、一个充满爱意的眼神、一个鼓励上进的动作，

同伴给自己加一颗"星"等，都会对学生的学习心理产生积极的影响。

开放性教育需要教学民主和评价民主。评价的主要形式不仅仅是教师评，还应包括学生自评、小组评及家长评等。评价也不再是只看成绩和结果如何，而是综合考查，如布置开放性任务、调查与实验、数学日记、数学手抄报等让学生完成，从而客观全面地评价学生的学习态度、探究过程、合作态度、自学能力等，并把平时考查与期末考查相结合，使学生既能看到自己的长处，又知道自己的不足，以便改进并有更好的发展。

有一次，我给学生布置了一篇数学日记：调查你家最近两个月的水费、电费情况，目的是让学生发现日常生活中的数学，体会数学就在我们身边。大部分学生只是简单地列举出水、电度数及费用，有位学生则在列举了水、电度数及费用后，写道"我认为我家的水费、电费很多，以后应该节约用水、用电。方法是：①不要看太长时间的电视，不要洗太长时间的澡；②不要太早开灯；③随手关水、电"。几句平实的话，却让我吃惊。这是一位平时很不起眼的学生，性格内向到常常让人忘记他的存在，偶尔欠交作业，成绩一般。我给他写下了这样的评语：陈老师很高兴看到你能认真地完成调查任务。让老师更欣慰的是，你能对所调查的数据进行思考、寻求解决的办法。你真聪明！自那以后，这位学生上课表现越来越积极，按时交作业，数学成绩明显进步，在他那"憨憨的"脸上还常常可以看到自信的笑容。

我知道，传统的问题往往与数学紧密联系，目的是要求学生练习和应用最近所学的定理、法则或算法等。然而，这样的练习非常片面。只有开放性的任务才能弥补对学生片面评价的不足。如母亲节就要到了，你想给妈妈送什么礼物，以表孝心？假设你只有10元钱，请利用报纸或商场的广告、宣传单上的价目表制订一个购买计划。这样的问题非常贴近生活，学生很自然地成为故事的主角，有效地调动了他们参与的积极性和积极思维。当学生成为问题情境的一部分去完成相关的任务时，我们就能更清晰、真实地知道学生的学习情况。

教师在实施评价时应针对不同的需要选择不同的评价形式，并将各种评价形式有机地结合起来，在实践中灵活变通，创造性地使用，以发挥评价的最大作用，让学生在开放性的问题中体会自信、享受快乐、体验成功。

参考文献

［1］中华人民共和国教育部.全日制义务教育数学课程标准（实验稿）［M］.北京：北京师范大学出版社，2001.

［2］数学课程标准研制组.全日制义务教育数学课程标准解读［M］.北京：北京师范大学出版社，2002.

［3］广东教育学会.走进新课程问题与对策「M」.广州：广东经济出版社，2004.

"小学数学开放性问题设计的研究"课题
实验班部分学生数学日记

指导老师　韶关市翁源县龙仙第二小学　陈丽英

生活中的数学

我调查了洗衣粉的质量是1.8千克，牙膏的质量是120克。我和妈妈去商店，调查到蚊香的质量是150克/盒，还有空气清新剂净含量为450毫升，杀虫剂的净含量是600毫升。

这就是生活中的数学！多么有趣啊！我爱学生活中的数学，更爱数学课。

——三（3）班　江瑜

今天，老师叫我们搜集有关"0"的资料，我在我家用电脑搜集到"0"的用途有5个：①代表没有；②填补数位；③提高精确度；④占位；⑤某位上的数值为"0"。

——三（3）班　胡蓉

今天我知道了"0"的作用：可以表示数字，如20、30、10、100、200等；可以算算术，如50÷5=10；还可以编电话号码和密码……如果没有"0"生活就会一团糟。我们会不知道冬天是几度，数字也会分不出哪些是整十数了，一些算术也做不了……所以你别小看它哦，它可是很厉害的，不过粗心的孩子是发现不到的哦！

——三（3）班　李嘉美

　　我们都知道跳蚤是"跳高冠军"。美国人进行过一次实验，发现一只跳蚤大约能跳33厘米远，10厘米高。这个高度相当于它身体长度的130倍。按照这样的比例，一个高170厘米的成年人如果能像跳蚤那样跳跃，应可以跳22100厘米也就是221米高，相当于约74层楼的高度。

——三（3）班　江姗

　　有一次，妈妈烙饼，锅里能放两张饼，我就想，这不是一个数学问题吗？烙一张饼用两分钟，烙正、反面各用一分钟，锅里最多同时放两张饼，1分钟后，取出第二张饼，放入第三张饼，把第一张饼翻面，再烙1分钟，这样第一张饼就好了。取出来，然后放第二张饼的反面，同时把第三张饼翻过来，这样3分钟就全部搞定。我把这个想法告诉了妈妈，她说："实际上不会这么巧，总得有一些误差，不过算法是正确的。"看来，我们必须学以致用，才能更好地让数学服务于我们的生活。

——三（3）班　江姗

　　中考前我学了乘除法，克、千克、吨，周长等知识。学会了从上面、侧面、正面观察物体，知道了怎样用千克、克、吨这些单位。但三位以上的乘法掌握不够好，常常不记得进位。

——三（3）班　江姗

　　今天我们学了周长的概念，老师说："有些物体有周长，有些物体没有周长。"于是，在回家的路上，每看见一个物体，我都在想它有没有周长？走着走着，我走到了翁源中学足球场的跑道上，看见许多哥哥在踢足球。我又想：足球场有没有周长呢？于是，我回到家问妈妈。妈妈说："足球场有周长，那电视有周长吗？"我想了想说："电视有周长。"妈妈说："那你用尺子量一量它的周长。"我拿着尺子走到电视机前，却不知道要量哪里。妈妈说："电视机没有周长，但电视的荧光屏有周长。"

——三（3）班　胡蓉

　　昨天，我拿到了两套校服，我问奶奶一套要多少元，她说要55元。我想，

我有两套。我写出答案：55×2=110（元）。

今天我又增长了知识。

——三（3）班　邓烨

我在《周长》一课里，学到了很多知识。我懂得了一周可以是树叶一周的长度，还可以是图形一周的长度就是图形的周长，我还学会了长方形、平行四边形周长的计算方法。

——三（3）班　陈佳琪

今天，我们学了周长，很有趣。老师叫我们四人一组讨论怎样算出长方形的周长。最后老师说："可以用尺子来量。"果然算出来了。还有，老师叫我们回去算一算自己的腰围，真是太有趣了。

——三（3）班　何启龙

通过与爸爸妈妈交谈，我知道了地球绕着太阳走，而我们感觉不到。地球绕着太阳走一圈就是1年，地球自己走一圈就是1天。被太阳照到的那一面是白天，太阳照不到的那一面是黑夜。

——三年（3）班　江珊

今年春节收获非凡，我得到了2300元压岁钱。

我准备将我的压岁钱拿来买书。《同步作文》6.80元，《创优作业》9.60元，《十万个为什么》两本共6.00元。我把剩下的钱全部存进银行，到读大学时用。

——三（3）班　张林睿

今天我学习了元、角、分，知道计算加减法时小数点要对齐。下午，我和妈妈去买圆珠笔、尺子。来到文具店，看到有很多圆珠笔和尺子，我选择了1.5元的圆珠笔一支和2元的尺子一把，付了3.5元。

——三（3）班　陈晴

一个月要用许多钱交水、电费，所以我们要节约用水用电，这样就能节约许多钱了（见表1）！

表1

月份 \ 项目	水费	电费	合计
2018年12月	30元	40元	70元
2019年1月	30元	40元	70元
合计	60元	80元	140元

—— 三（3）班 潘怡

物体的运动可以是平移的，如国旗的升降、汽车在路面上行驶、拉窗户、人的行走、坐火车；可以是旋转的，如钟表指针的运动、开门、开锁、风扇的转动、汽车轮子的转动。

—— 三（3）班 黄俊渊

今天我认识了平均数这个新朋友，知道了怎样求平均数。如果知道总分，知道人数，可以用总分除以人数，就是平均每人得多少分。

—— 三（3）班 陈泓宇

今天，我们学了平均数的知识，又和喜羊羊队进行了拍篮球比赛。我有一个想法：羊爷爷70岁了，可是羊村平均寿命只有71岁，你说羊爷爷还可以活多久？我长大帮羊爷爷解决这个问题，好吗？

—— 三（3）班 甘杨华

今天四小的老师和我们在科学楼403上课的时候，我认识了一位新朋友，名叫"平均数"。我在喜羊羊与灰太狼的运动会上找到了平均数。我非常喜欢上这节数学课。

—— 三（3）班 胡晖

这几天陈老师出了许多开放性的问题考我们，出的题目都是有很多种答案

的，这种题叫一题多解。

我们最近还认识了分数，知道了在分数里有分数线、分母、分子，老师还教了我们读分数的方法：先有母亲，再有儿子，也就是说要先读分母，再读分子。比如 $\dfrac{2}{4}$，读作四分之二。

——三（3）班　胡蓉

在这节课上，我们学了分数比大小，我说悄悄话被老师批评了，真是不好，不过这节课真的很有趣。如果分子一样，分母较小的得数反而比较大，如果分母一样大，就用分子来比大小，这节课真有趣。

——三（3）班　何启龙

前几天，我们学了分数，我学会了怎样写分数。应该先写分数线，然后写分母，最后写分子。今天我们还学了分数比大小，我懂得了怎样比较分数的大小，所以做起来比较简单，不过还是要认真复习才行。

——三年（3）班　赖智琪

今天下午，我骑单车在外面兜风。口渴了，我回家喝水。刚好回到家奶奶切了个大西瓜给我解渴。奶奶把西瓜切开，一半准备吃，另一半放进了冰箱里。我们把没有放进冰箱的一半西瓜平均分成10份，奶奶吃了 $\dfrac{4}{10}$，表弟吃了 $\dfrac{1}{10}$，我吃了 $\dfrac{5}{10}$。

今天的西瓜真好吃！

——三年（3）班　邓烨

这个星期，我们又认识了来自数学的新朋友，它就是分数。你会认为它很少见，其实它就在我们身边，比如有2个人，2个苹果，2÷2=1（个），即每人分一个苹果。这样当然很简单，可是如果只有一个呢？对了，我们可以一人一半，可是一半怎么表示呢？我们就可以用 $\frac{1}{2}$ 来表示。还有很多分数表示方法，只要你认真去观察，你就会发现它们。

—— 三（3）班　胡玉兰

今天，我们又学习了开放性的问题，知道了开放性的问题有很多种，如一题多解、条件多余、提问题……我们做了这样一道题：同学们乘船参加夏令营活动，都住四等舱，三楼住了12人，二楼住了15个房间。四等舱共有28个房间，每间有25个床位，共有多少人参加夏令营？

这道题我是这样解的：15×25=375（人），375+12=387（人）。答：共有387人参加夏令营。

这道题有一个条件多余了，四等舱有28个房间，我们只住了15个房间，跟28个房间没有关系。

—— 三（3）班　胡蓉

今天下午，我和妈妈一起去广客隆超市买东西，妈妈先买了两支亮嗓西瓜霜牙膏，每支1元，共2元。一支牙膏的净含量是105克，两支就是105×2=210（克）。

今天，我们学了吃西瓜这一课，主要是讲同分母分数相加（减），分母不变，只把分子相加（减），比如 $\frac{1}{8}+\frac{4}{8}$ 就是 $\frac{5}{8}$。小朋友你学会了吗？

—— 三年（3）班　蔡云飞

今天我知道了我们的手掌面积大约是1平方分米，拇指指甲盖面积约是1平方厘米，我还知道门的面积要用平方米来作单位，课桌的面积应该用平方分米来作单位。

—— 三（3）班　涂雯钰

生活中的平移和旋转现象

生活中有许多平移和旋转现象。比如，车在开动的时候是平移，还有升国旗、放风筝、坐电梯、算算盘……都是平移的现象。旋转现象也有很多，如纸风车转动、拧水龙头、打开文具盒、开门、指针在转动……这些都是旋转现象。原来世界上有许多的平移旋转现象。你们也来找一找吧！

—— 三（3）班 潘怡

今天，我们学习了什么是面积，我从中了解了很多知识。我知道了我们大拇指的指甲盖面积大约是1平方厘米，手掌的面积大约是1平方分米。我还知道了书桌桌面的面积大约是1平方米。这些知识会使我们变得更加聪明。

—— 三（3）班 胡玉兰

今天，我在外面的楼下发现一个坏了的水龙头，每分钟都要白白流掉68克水。同学们，你们知道这个坏水龙头1天要浪费掉多少克水吗？

1天=24小时　　　　1小时=60分　　　　$60 \times 24 = 1440$（分）

$1440 \times 68 = 97920$（克）

答：这个坏了的水龙头1天要浪费掉97920克水。

—— 三（3）班 谢静丽

今天老师讲了一些生活中的数学，如黑板的面积、门店面积……还有生活中要用到数学的地方，如买菜时要用到数学、工人在刷墙壁前要用到数学……可以说在我们生活中处处都要用到数学。

—— 三（3）班 李嘉美

今天晚上，我和妈妈去广客隆超市买了一箱牛奶和一块手帕。我回到家数了数，横排有3瓶，竖排有4瓶，$3 \times 4 = 12$（瓶），一共是12瓶。这箱牛奶共24元，$24 \div 12 = 2$（元），平均每瓶2元。我还量了量手帕，它是正方形的，边长是3分米，$3 \times 3 = 9$（平方分米），这条手帕的面积是9平方分米。

—— 三（3）班 胡玉兰

前两天，老师布置了一个作业，题目是："小明家用花生榨了60千克花生油，准备出售，现有两种油瓶，一种每瓶能装5千克，另一种每瓶能装3千克，可以怎样分装？"我把这道题抄在了数学日记里。我不知道该怎么做。最后我看了老师的例子，才知道这道题怎么做。

——三（3）班　吴自敏

今天，老师给了一道题让我们做，题目是这样的：一根绳子正好能围成一个边长为5分米的正方形，如果用这根绳子围成长方形，（长和宽都是整分米数）它的面积有多大？

所以可以围成：①长是8分米，宽是2分米的长方形，它的面积是8×2=16（平方米）；②长是7分米，宽3分米的长方形，它的面积是7×3=21（平方米）；③长是6分米，宽是4分米的长方形，它的面积是6×4=24（平方米）；④长是9分米，宽是1分米的正方形，它的面积是9×1=9（平方米）。

——三（3）班　陈佳琪

今天是我的生日，同时也是母亲节，一大早我醒来就去吃饭。中午我和妈妈去买蛋糕。妈妈买了一个48元钱的蛋糕，还买了2瓶6元钱的汽水。妈妈送给我一个38元钱的手表。舅舅送给我一箱35元钱的牛奶，还给了我一个红包。我打开红包一看有50元钱。外婆也给了我一个红包，也是50元钱。50+50=100（元）。我把红包给了妈妈。今天，我非常高兴。

——三（3）班　王超

今天，老师给我们出了一道开放性的问题，题目是这样的：一根绳子正好能围成边长为5分米的正方形，如果用这根绳子围成长方形，（长和宽都是整分米数），它的面积有多大？

我的解法是：先求出周长，5×4=20（分米）。如果长是9分米，宽是1分米，面积是9×1=9（平方分米）。如果长是8分米，宽是2分米，面积是8×2=16（平方分米）……

那你知道我是怎么知道答案的吗？嘻嘻，告诉你吧，其实，老师讲过类似的题目，所以我才会的，不然，我还得想上一阵子呢！原来，上课认真听讲有

这么大的好处呀!

—— 三(3)班 张林睿

今天我从妈妈那里知道了我们的祖国陆地面积约有9600000平方千米。有5个自治区,其中新疆维吾尔自治区最大,宁夏回族自治区最小。我国是由56个民族组成的。除汉族外,还有55个少数民族。

—— 三(3)班 李嘉美

我通过问妈妈知道了我国的陆地面积约是960万平方千米,我还能从地图上知道我国新疆维吾尔自治区的面积最大。

—— 三(3)班 江姗

我从《九章算术》中了解到中国古代由于使用了十进位方法,所以分数的计算方法极为方便优越。欧洲使用这种方便的算法比我国晚了一千四百多年的时间。

—— 三(3)班 黄俊渊

今天老师让我们做一道题:一辆三轮车可装水果360千克,现在有两种水果,梨每筐重60千克,苹果每筐重40千克,可以怎样装车?我想了许多方法:①全部装梨60×6=360(千克),②全部装苹果40×9=360(千克);③4筐梨和3筐苹果60×4+40×3=360(千克);④2筐梨和6筐苹果60×2+40×6=360(千克)。

啊!原来数学知识这么有趣啊!

—— 三(3)班 潘怡

我知道在宋元时期,我国古代数学家已经会使用小数了,并通过在个位下注明单位的方式表示小数,这比欧洲使用小数早了300多年。

—— 三(3)班 黄俊渊

今天,我和妈妈去明乐超市买东西,从我家走到明乐超市共用时17分钟,妈妈买了4碗方便面，每碗方便面3元；1包麦片，每包17元；4排旺仔牛奶，每排4.9元；2盒木糖醇，每盒7.9元；2包盐，每包1.3元。妈妈共买了13件商品，共花了67元。我们挑选这些商品共花了20分钟，回到家里，我算了算，这一趟我们一共用时54分钟。

——三（3）班　郭思敏

今天，我和爸爸、爷爷去新江包粽子，吃完粽子就上龙仙了。回到家妈妈问我粽子有几个角，我张口就说有3个角。妈妈又对我说："你仔细算算是不是有3个角。"我仔细算有4个角。妈妈对我说："这才是正确的答案。"

——三（3）班　胡晖

这个学期，我能根据实际的大小来选择合适的单位啦！我还认识了很多数：除了1，2，3这样的数外，还有0.50，0.60，21.78，7.65这样的小数，还有像 $\frac{1}{5}$，$\frac{5}{6}$，$\frac{8}{9}$ 这样的分数。对了，还有我们最近认识的平均数，它可是优秀的裁判呢！

——三（3）班　胡玉兰

前天是六一儿童节，邓老师和陈老师陪我们玩了端乒乓球、投瓶子、争椅子等游戏，我拿到了4个糖果，有2个是老师发的，另外2个是在投瓶子游戏中老师奖给我的。今天我玩得满头大汗，也很开心。

——三（3）班　胡晖

"微课在小学高年级数学可视化学习中的应用研究"总报告

韶关市浈江区风采实验学校主持人　任伟艳

"微课在小学高年级数学可视化学习中的应用研究"，2017年6月通过评审，被立项为省"十三五"教育技术专项课题。自立项后，本人围绕课题的研究目标，刻苦钻研，大胆实践，充分利用各种有利因素，努力探索微课在小学高年级数学可视化学习中应用的方法和策略。经过两年的研究和实践，积累了一定的经验，获得了一些启示，引发了一些思考，现报告如下。

一、问题的提出

以下是课题研究的背景：

微课是网络时代的新型学习资源，高质量的微课不但能满足学生的个性化学习需求，提高课堂教学效率，而且能有效地提高教师的专业发展能力。因此，设计开发高质量的微课是当前的重点任务。胡铁生认为微课是教师专业成长的重要途径之一。通过微课进行听评课，教研活动，改变了教师传统的听评课模式，变革教师传统的教学与教研方式，将更有效地促进教师的专业成长。对于学生而言，微课能满足学生的个性化学习需求，不但能帮助学生查漏补缺，巩固知识，而且能让学生随时随地学习，是传统课堂学习的一种重要补充和拓展资源。焦建利教授认为微课是教师和学生的重要教育资源，对于学生的学习，教师的教学实践、教师的专业发展具有重要的现实意义。教师通过微课的学习和反思，分享到的不仅是丰富的教学资源，更是各自的教学智慧，这种研修方式更有助于教师的专业成长。刘静波认为教师通过制作微课，可以不断深入反思，归纳总结。借助微课这一工具，教师可以将隐性成果显性化、显性成果标准化、研究成果传媒化、科研门槛草根化，从而不断提高自己的专业发展水平。

我国对微课教学设计模型的研究较少，微课的设计制作迫切需要有更多一线教师根据教学需求选取恰当的教学内容进行。

二、研究目标和内容

1. 研究目标

（1）提升自身设计创作技能

设计制作一节全新的微课对教师而言是一个极大的挑战，需要加强教师各项设计操作技能的培训，以提高微课的质量。目前微课的数量不断增多，但是质量远不达标，利用率较低。很多教师没能把握微课的基本核心理念以及制作技能。通过本课题的研究，进行微课创作技能的学习与培训，微课可成为教师自身创作的教学资源。

（2）设计一批高质量微课作品与相关的课件素材

微课是一种教学资源，也是一种社会资源。今后微课将更多被应用于社会生活的方方面面。通过本课题的研究，可被一批高质量的微课作品，在区域（学校）内示范与推广。

（3）教师通过制作微课，不断深入反思，归纳总结

教师通过微课这一工具，可获得更多的教学智慧，通过撰写教学论文、实验报告，案例分析，教学设计等，可提升自身的教学水平，不断更新教学思想。

2. 研究内容

（1）对教学方法进行改革，采用灵活多样的方法进行微课应用，结合课前预习、课堂教学、课后复习多个环节，对微课在小学高年级数学可视化学习中的应用进行研究。

（2）尝试让学生制作简单解题型微课，并将微课在班上进行分享交流。通过让学生制作微课，提升学生逻辑思维能力、分析问题能力、解决问题能力、语言表达能力等综合能力，增强学生学习的成就感，提高学生学习数学的兴趣。

（3）尝试在学校数学科组教研活动中运用微课，提升科组教师教研能力。

三、研究方法和途径

课题立项后，我立即着手制订课题研究方案，选定六年级学生为研究对象，开展课题的实践研究。

（一）研究方法

本课题以行动研究为主，辅以调查、文献收集等方法。

1. 问卷调查法

设计调查问题，了解六年级学生对在课堂上应用微课的看法。

2. 行动研究法

对教学方法进行改革，进行系列微课应用研究。观察效果，并根据反馈的问题，调整对策，继续深入研究。在实践中不断探究、反思、提升。

3. 经验总结法

在课题研究的过程中，认真做好各类资料收集、整理和实施情况记录工作，按研究内容，撰写经验总结，进行归纳整理，便于研究成果的不断改进。

4. 文献研究法

分类阅读有关文献（包括知识视图网、专家发表论文、微课技术标准等材料），为此课题奠定理论基础。同时，了解同类课题研究现状，为本课题研究提供借鉴，为创新性研究奠定基础。

（二）各阶段的研究情况

根据计划安排，本课题研究过程按照准备、实施、总结三个阶段开展，各阶段的研究情况如下。

1. 准备阶段（2016年12月）

构思、规划、制订本课题研究的总体方案及各阶段的实施要点，明确本研究的意义及做法。

2. 实施阶段（2017年1月—2019年6月）（见表1）

表1

	序号	研究阶段（起止时间）	阶段目标	预期成果
主要阶段性目标	1	2017年1—6月	完成课题集中开题和培训 完成第一阶段微课作品上传。请专家组对微课作品进行评议 完成开题报告	微课作品
	2	2017年7—8月	完成微课作品"三角形边的关系""解决较复杂的平均数问题""乘法分配律"等	微课作品、教学设计、课件资源
	3	2017年9月—2018年2月	进行微课"乘法分配律"在数学可视化学习中的应用研究	课题研究报告、课堂实录
	4	2018年3—7月	进行微课"三角形边的关系""解决较复杂的平均数问题"在数学可视化学习中的应用研究，完成课题中期报告	课题研究中期报告、课堂实录
	5	2018年9月—2019年4月	学生制作简单微课并分享。进行微课在数学科组中的应用研究	教学论文
	6	2019年5—6月	完成实验报告，分享应用经验	课题研究报告

3. 总结阶段（2019年4—6月）

整理材料，分析个案，撰写课题研究论文，形成本课题的研究报告，邀请专家组结题。

四、研究成果

（一）探索微课在小学高年级数学教学中的应用模式及策略

1. 运用微课，引导学生课前预习

"乘法分配律"是北师大版小学数学四年级上册的内容。本课是在学生已经掌握了乘法结合律、乘法交换律的基础上教学的。其实学生在二年级学习乘法口诀时，在从不同角度描述直观图、推导乘法口诀的过程中已接触过乘法分配律。四年级教材以运算定律形式呈现，重点是探索并发现乘法分配律，理解乘法分配律的意义，要求学生能结合乘法意义理解乘法分配律。可以说，乘法分配律对学生来说并不陌生，但结合我多年的教学经验发现，学生六年级了还

存在不少错误运用乘法分配律的问题，如$(a+b)\times c=a\times c+b$。更多的学生不能根据算式特征正确灵活地运用乘法分配律进行简算，究其原因是学生不能结合乘法的意义理解乘法分配律。可见乘法分配律是学生运算律学习中难度最大的一个内容，学生不容易掌握，理解消化周期长。

数学家波利亚说过："学习任何知识的最佳途径，都是由自己去发现、探索、研究，这样的理解更深刻。"为了解决学生理解上的困难，我认真解读了教师教学用书和教材，观看了教学参考书中的课堂实录，上网学习了吴正宪老师讲授的"乘法分配律"这一课的教学录像，结合本班学生的认知特点，进行了如下教学改革。我首先利用多媒体软件制作了一个时长不到3分钟的微课，从"两种方法解决问题，明确算理；看算式，描述数学事件；结合数学事件，用第二种方法解决问题；联想数学事件，写出与第一个相等的算式；归纳总结，得出乘法分配律"五个方面层层深入，帮助学生借助具体数学事件理解抽象数学算式，引导学生自己去发现、探索、研究。接着我在教学"乘法分配律"知识前，布置一项预习作业，要求学生在家反复观看教师制作的微课，将自己通过观看微课获得的对乘法分配律的理解写下来。然后收集学生的收获，进行分类整理，修改教学设计，做到"以学定教"，并设计针对不同层次学生的练习。最后在课堂教学中进行有针对性的解惑释疑，使课堂教学真正体现了以学生为主体，个性化、分层次的教学理念，大大提高了课堂教学效果。微课短小精悍，重点突出，生动有趣的多媒体画面迅速吸引了学生眼球。学生在观看动画片的过程中完成预习，极大地提高了学习的兴趣。同时，大胆地尝试了一次翻转课堂的教学模式。通过微课预习，实现教学方法的改革。

2. 课堂教学中运用微课，实现多方面辅助教学

（1）应用微课，优化课堂教学结构

视频型微课的主体为视频，通过视频的技术实现静态向动态显示的变革，在视频技术的支持下实现由静态封闭的教学内容向开放新形态的过渡。

北师大版小学数学四年级下册"探索与发现：三角形边的关系"一课要求学生探索并发现三角形边的关系，明晰三角形三条边的长度范围。三角形第三条边的长度范围大于另两边之差、小于另两边之和。这个看似简单的规律，学生极易混淆，如果单纯按传统模式教学，以"教"为主，让学生在操作之后发现接受、学习记忆这个规律，由于定理抽象，在今后的应用过程中，学生会很快忘记这个规律，无法确定三角形三条边的长度范围。因此，在教学设计时我利用一段视频微课动态呈现"三角形的两条边的长分别是5厘米和8厘米，那么第三条边的长可能是几厘米（取整厘米数）"的解题过程，借助微课清晰呈现每一个推理过程，验证学生的猜想：假设一条边为1厘米，在将5厘米线段与1厘米线段一起下压靠近最长边8厘米的过程中，如果第三条边是1厘米，会出现缺口围不成三角形的情况——确定三角形第三条边的最短范围。动态呈现第三条边从4厘米开始不断延长的过程。第三条边不断延长的同时将5厘米线段不断往外顶起，直到将8厘米与5厘米的折线顶成一条直线，此时也围不成三角形——确定三角形第三条边的最长范围。通过视频的技术实现静态向动态的转变，帮助学生明晰三角形三条边的关系，让学生经历数学猜想验证的过程，获得分析问题和解决问题的方法。同时也向学生传递了科学研究的态度与方法。全课设计注重教师的"教"，更突出学生的"学"，注重学生核心素养的培养，优化了课堂教学结构。

（2）应用微课，弥补知识缺漏

"化百分数"是北师大版小学数学六年级上册的内容，六年级学生在接触了整数、小数、分数、百分数等各种数后，对小数与分数、小数与百分数、分数与百分数等各种数之间的关系感觉非常混乱，急需对所学内容进行及时梳理，形成清晰的概念。同时，因为知识的连贯性，不少学生由于小数除法方法掌握得不好，对小数除法产生畏惧，直接影响了本课内容的学习。因此，在新授课时还要帮助学生弥补学习小数除法时的缺漏。如何才能在有限的教学时间内，在授课的同时，对学生所学知识及时梳理，兼顾帮助学生查漏补缺，强化巩固知识？我在授新课时，结合教学内容适时插入一段针对学生疑难问题设计的微课，帮助学生及时补缺，归纳总结，理清思路。同时，微课支持重复学习，当学生观看一遍不理解时，可再观看多遍。课后，我利用早读及午读时间，不断利用课室白板播放微课，同时配以相应练习。我让学生跟着微课一步一步练习，重复播放，耳濡目染的同时强化巩固知识，最终达到引导学生根据教学目的，反复认知重点、突破难点、提升学习效率的效果。

（3）应用微课，突破技能学习建构过程中的疑点、难点

微课应用传统与现代的技术，通过科学合理的教学设计，为技能获取者提供碎片化、可视化、结构化、非线性的学习体验。应用技术，实现复杂技能可

视化，重现步骤过程，降低技能获取阻力与技能内化阻力，从而减轻技能建构成本与学习负担。

"老师，这道题是用方程还是直接用乘法计算？"这是在我讲解完《分数混合运算三》之后，学生遇到分数问题时，不知如何解决，常常向我提的一个问题。

这是解决分数问题的难点：找出题目中单位"1"的量，判断单位"1"的量是已知还是未知，从而决定解决问题的方法。如果告诉学生单位"1"的量已知用乘法计算，如果单位"1"的量未知，就用除法计算，那么，学生就会陷入枯燥的方法死记中，而不是从题目理解的角度去解决问题，久而久之，因为忘记了机械的方法或者是对方法记忆混淆，导致大量出错，更严重的是阻碍了学生思维的发展，影响了学生后续的学习。

本单元的教学核心内容是：求一个数的几分之几是多少，接下来的内容是由此延伸出来的。于是，在课后，我对本课内容层层分解，进行了分层次、碎片化处理，将本课内容分为学习前基础资料复习，分数乘法意义的认识，解决分数问题（微课），拓展延伸四部分内容。微课是对一组对比练习的讲解，在5分钟内将重点内容直观呈现，让学生在对比中构建解决分数问题的模式，归纳总结方法。微课形式和手段新颖、多样，能满足学生的好奇心，在形式单一、传统、封闭的课堂中引入微课教学，容易吸引学生的目光，吸引学生的注意力，提升课堂教学效率。学生反复观看微课，在微课的带领下，举一反三做练习，练习准确率明显提高。学生对课堂中使用微课深有感想。有的说，第一次接触微课，让我明白了怎么画图和怎么找到单位"1"；有的说：看了这次微课，觉得这次微课让我懂得了什么时候该用方程，什么时候不该用方程，微课讲得很清楚、明白；有的说：我感觉这节课十分神奇，能把枯燥的数学知识，进一步地改造成电视，我们知道了很多，我觉得这种感觉很奇妙……

（4）应用微课，对知识及时进行梳理

在教学"圆锥体积"一课时，我先播放一段微课（讲解了数学的转化思想，并通过课件动画演示，重现了平行四边形、三角形、梯形、圆面积计算公式的推导过程，再现了圆柱体积计算公式的推导过程），让学生清楚地发现，平行四边形是通过多种方法的割补转化成长方形从而推导出面积计算公式的；三角形是通过两个完全一样的三角形拼成一个平行四边形，将三角形转化成平行四边形，再推导出面积计算公式的；梯形是将两个完全一样的梯形通过旋转平移后拼成一个平行四边形，再推导出面积计算公式的；圆是通过切割拼接，转化成长方形，再推导出面积计算公式的；圆柱是通过分割后割补再拼接，转化成长方体，再推导出体积计算公式的。

这个环节的微课充分考虑本课教材的作用。本课教材内容是六年级下册的教学内容，要求教师在教学过程中不再进行单独知识点的教学，而应该在教学新知的过程中逐步对整个小学阶段所学知识进行归纳总结，及时梳理，注重所教学知识与之前已学知识的联系，帮助学生将整个小学阶段数学知识串联起来，体现"竖成线，横成篇"的数学思想，给学生一个完整的知识体系。微课在课堂教学中的使用起到了很好的归纳效果。

（5）应用微课，准确规范数学定义

我教学"分数的再认识"一课时，分数的整体与部分关系的知识是通过不断引导、启发学生你一言我一语相互补充发言形成的。学生用稚嫩的、不成熟的、说不太清楚的语言你一言我一语表达自己的发现，这是一个学生归纳、概括、抽象出数学概念的过程。虽然过程漫长，但这正是理解数学概念，从特殊到一般，抽象出数学概念的重要经历。在这个过程中，教师千万不能替代，要让学生自己去说。虽然学生的语言跟教材有距离，语言组织能力显弱，但学生参与了过程，享受了过程，便可积累经验。之后，我及时通过一段时长不到2分钟的微课向学生明确"分数具体是多少，与整体有着密切的联系，因为这个整体不一样，所以所取的其中的一份量就不一样了"这个道理。教师作为课堂教学的组织者、学生学习的引导者，此时要对学生的发言进行及时归纳总结，准确地规范数学概念，微课在此时的运用恰到好处。

3. 利用微课，实现课后巩固与补充

在讲解北师大版小学数学四年级下册较复杂的平均数问题的解决方法时，我制作了一节习题型微课，借助课件动画演示，突破学习难点，打开学生思维的暗箱。由于学生存在差异性、受课堂教学时间局限、题目数量关系复杂等原因，不少学生对课堂上教师的讲解半懂不懂。微课的重现性，很好地弥补了课堂教学因教学时间限制"一闪而过"的缺陷。学生通过课后进一步反复观看微课，慢慢体会解读，理解题目复杂的数量关系，掌握解决问题的方法。再结合教师设计的一组相应练习，进一步进行巩固练习，增强了解决问题的能力。

（二）探索了微课在小学高年级数学学习中的应用模式及策略

"今天的英语作业要录视频。"

孩子读八年级了，这几天英语老师布置了一项特殊的英语作业：要求孩子在家背英语课文，并将背诵的视频发到老师的微信上。

作为家长，我不由质疑：全班50多名学生，老师真的有时间查看每一个学生的微信视频吗？

晚上，孩子读了几遍课文，并不能熟背，但已经迫不及待要我帮忙录制。我拿起手机，准备就绪。孩子将课本合上，眼睛看着手机一本正经地坐好开始背诵。"不行，你停一下，我再看看书。"没想到尽管是在家里，孩子面对手机镜头还是有点紧张，背着背着就卡住了。于是孩子将原来挺直的身板放松了下来，将课文再读了几次。"好了。"孩子又挺起身子面对镜头，做好录制准备。如此反复几次，总算顺利地将今晚的英语作业完成了。视频录制完成了，孩子的这篇英语课文也已背得很熟了。我明白老师的用意了，这不仅仅是一项简单的英语背诵作业，在背诵的同时，锻炼了孩子坦然面对镜头的胆量，孩子为了将最好的一面展示给老师，在一遍遍"试镜"的过程中学会了精益求精，这都是孩子一生受用的核心素养啊。

我灵机一动，目前正在进行"微课在小学高年级数学可视化学习中的应用研究"课题研究，在今后的课题研究中可以尝试让学生简单制作解题型微课，并将微课在班上进行分享交流。于是，我开始利用信息技术课，与信息技术老师协商，结合学生所学信息技术内容对学生进行微课制作的培训，要求学生能运用手机进行简单的录制，同时能运用PPT及Flash等软件进行后期制作。

六年级下册教材"数学好玩"第2课时"神奇的莫比乌斯带"，要求学生通过各种操作了解莫比乌斯带的神奇，激发学生对莫比乌斯带产生浓厚的兴趣，同时感受数学的无穷魅力，拓宽数学视野。为了给学生充分的时间进行操作，让学生充分了解、认识莫比乌斯带，我让学生先阅读教材，然后在家完成操作，并将操作录制成视频上传。针对学生上交的作品我逐一观看，进行详细的点评，并将点评内容汇集成表格反馈在本班家长微信群里。之后在全班进行了作品分享，最终选出最佳作品，在群里发布，供群里家长分享。

为了制作好微课，首先要求学生对学习内容进行理解，具备相应的知识技能；其次，要求学生能站在讲解人的角度，面向其他同学清晰地分析问题，层次要清楚，逻辑要严密，力求观看者能看明白；最后，录制微课时，学生要边讲解边演示，语言要流畅，能清晰地表达意思。通过让学生制作微课，提升了学生的逻辑思维能力、分析问题能力、解决问题能力、语言表达能力等综合能力。学生在展示自己作品、分享成果的同时体会到学习的成就感，提升了学生学习数学的兴趣。

（三）探索微课在小学高年级数学教研活动中的应用模式及策略

2018—2019学年度，我校提出了"有温度的教育，有厚度的课堂"的教改理念，力求用有温度的教育，引导学生经历思考的过程，激活学生思维，打造智慧型学习课堂，彰显教育的厚度。与此同时，学校确定教改实施步骤中的第一步就是推进"三微"教学研究工作，即微团队、微课题、微视频。

为贯彻落实学校的教研计划，数学科组围绕"有温度的教育，有厚度的课堂"制订了本学科组的教研活动宏观计划：每学年上学期为习题讲解微课制作，形成上册教材至少3个习题讲解的微课作品；每学年下学期为教学反思微课制作，形成下册教材至少3个教学反思的微课作品。3年后，上下学期制作内容交换，力求5～6年内形成一套完善的校本教研资源。

在近一年的学科组教研活动中，全科组成员进行了两次微课制作培训，由我主讲。我介绍了微课制作方法，介绍了CS、思维导图、Focusky、玲珑画板等多媒体软件的使用方法，在英语学科组和数学学科组演示了CS软件使用的方法，在同行教师中分享了"乘法分配律"（利用Focusky制作）、"百分数应用（一）"（利用思维导图制作）、"解决较复杂平均数问题"（利用Flash制作）等微课作品。第二学期，数学科组结合数学教师能力大赛开展练习型微课设计制作比赛活动。首先2019年4月，全体数学科组教师进行数学解题比赛，批改评分后。5月，成绩优异的教师面向全科组成员对解题内容进行讲解。接着选取3～4道具有代表性的题目作为练习型微课设计制作载体，组织学科组教师分组开始练习设计制作微课。6月进行微课作品分享展示。围绕课题组教研内容，组织全体数学组成员从学习制作解题型微课开始，努力提升学科组教研能力。

五、实践效果

经过两年时间，微课在小学高年级数学可视化学习中的应用研究与实践较好地促进了研究对象的习作素养以及课题组教师的成长。

1. 学生层面

一方面提高了实验班学生的数学学习兴趣，另一方面大大提高了实验班学生的数学成绩。经过一年的实验研究，实验班级数学成绩明显提高。2017年实验班期末数学成绩与区平均分相差29.79分，经过实验研究，2019年实验班期末数学成绩与区平均分仅相差1.36分。2018年实验班期末数学成绩高于区低分率平均值36.37%，2019年实验班期末数学成绩低于区低分率平均值0.52%。

2. 教师层面

（1）课题研究更新了教师的教育观念，致力于"以生为本"的教学研究，坚持以学定教，以用定做。借助微课可视化这一特点的应用达到突出教学重点，突破教学难点是本课题研究的最终目的。课题组教师坚持"将课堂真正还给学生"的理念，侧重数学过程性的教学，培养学生主动发现、通过思考探究解决问题的能力，课堂教学中更关注学生核心素养的培养，努力形成"有厚度的课堂"的课堂教学特色。

（2）课题研究锻炼了教师，提高了教师的科研能力，提高了教师的自身素养。我结合教学实际在知识视图网等各级网站搜索有关课题理论知识，下载了《微课定义与特征诠释》《"主动"学习模式的研究与憧憬》《我国中小学微课发展现状及其优化策略研究》《微课技术标准V1.0》等多篇文献学习，并多次进入知识视图网学习网站内知识内容，努力提升自身科研理论水平。为得到专家的帮助，我多次在"要学习"群里向群里专家请教学习。在多媒体技术方面我多次请教王统增老师、曹本华老师，在微课运用方面请教了岑健林老师、何蕴毅老师等，得到了老师们的不吝赐教。我还撰写了"微课在小学高年级数学可视化学习中的应用研究""生活中的比"等课题研究论文。为提升自身微课制作水平，我积极主动自学Flash、Focusky、玲珑画板、Camtasia等各种多媒体软件；为吸引学生注意力，我运用Flash、Focusky等软件制作微课作品，力求作品新颖。我制作的作品"乘法分配律""解决较复杂平均数问题"均获广东省计算机软件评审活动小学组省级二等奖。课题组积极开展课题研讨活动，在数学科组、英语科组针对微课制作开展了多次讲座，指导教师们如何使用CS制作微课，研讨如何更好地将微课应用到更广泛的教学领域。

（3）积累课题研究的经验，注重课题研究过程中材料的分类收集和整理。将课题研究的资料分类进行了收集与整理，分别从微课作品制作和微课应用两方面进行资料收集整理。每一个微课作品包括相关的教学设计、多媒体课件、视频文件等。应用方面收集了相关的教学案例设计，保存了一系列相关照片，如教师利用微课上课的照片，同行教师们听课后的课后评价内容，学生在上了一堂穿插微课内容的数学课之后的反响，等等。留下了学生上课后对微课在课堂上运用的反响的手稿。在应用效果呈现方面，主要以学生测试成绩作为评价载体，进行前后成绩对比。用问卷调查的方法，对学生学习兴趣进行课题实验前后比较，为课题成果的体现做好准备。

六、结论与思考

1. 研究结论

通过研究，验证了以"微课在小学高年级数学可视化学习中的应用研究"为载体，提高高年级学生数学学习素养的可行性。学生的数学学习兴趣日趋浓厚，数学成绩明显提高、持续发展、后劲十足，相关习惯得到培养，相关能力继续提升。通过研究，教师对"微课制作是一个磨教学问题、磨教学理念、磨技术创新应用、磨教学过程的过程"有了更深刻的认识，更加致力于过程性教学。这一课题研究的策略与方法值得同行借鉴。

2. 讨论与思考

两年的课题研究中，我品尝着成功带来的快乐，两年来收获着、探讨着，同时也有进一步的思考：

（1）学生学习数学兴趣大大提升了，通过自己制作微课，提升了逻辑思维能力、分析问题能力、解决问题能力、语言表达能力等综合能力。但微课的趣味性及技术性还有待提高。

（2）尝试在数学科组进行课题研究，努力提升学科组教研能力。宏观计划是有步骤、有目的的，但要落实并将微课作品汇集成系统，形成学校校本资源，还须每一位数学教师不懈努力。

（3）参与课题研究人员能力较弱，课题研究需要一个团队通力合作与配合才能形成科学完善的、值得借鉴的成果，希望能"以点带面"，吸引更多教师参与课题研究。

［1］岑健林.微课定义与特征诠释［J］.教育信息技术，2017（7）：79–81.

［2］王统增，冯琦.微课在中职数学教学中的实践探索［J］.教育信息技术，2018（6）：76.